Alejandro Rebolle

DROGAS SINTÉTICAS
El nuevo enemigo

RCG | REBOLLEDO
CONSULTING
GROUP

1ra. Edición: Octubre 2020

© Alejandro Rebolledo, 2020

Edición
Rebolledo Consulting Group

Diseño, diagramación, y portada
Janet Salgado Mukarssel

ISBN: 979-869538961-6
Independently published

DROGAS SINTÉTICAS

El nuevo enemigo

ÍNDICE DE CONTENIDOS

Capítulo I
DELINCUENCIA Y DROGAS

Capítulo II
NUEVAS SUSTANCIAS PSICOACTIVAS O DROGAS SINTÉTICAS

Capítulo III
DELINCUENCIA ORGANIZADA

Capítulo IV
DELINCUENCIA ORGANIZADA, NARCOTRÁFICO Y MAFIA

Capítulo V

LAS MAFIAS Y SU POTENCIAL INFLUENCIA EN LA POLÍTICA

Sin lugar a dudas, para mí, el multimillonario negocio que representa la delincuencia organizada en el mundo, sobre todo tratándose de los cárteles de la droga que tienen bajo su control la producción, trasiego y venta al mayoreo y menudeo, es el mayor síndrome del grado de descomposición que ha alcanzado la actual globalización.

Acá algunas opiniones de destacadas personas del acontecer mundial:

"La delincuencia organizada lo primero que hace es penetrar, corromper y buscar la información que le sea útil, es una realidad que no podemos desconocer. Por eso la contrainteligencia es tan importante".

BAN KI-MOON, ex Secretario General de la ONU

"La facturación anual de las mafias podemos cuantificarla entre 120 mil y 180 mil millones de euros, el 60% de esta riqueza se va a limpiar en la economía legal. El problema más grande es esa zona gris que se crea en la línea de frontera entre lo legal y lo ilegal".

FRANCESCO FORGIONE, periodista, escritor y experto anti-mafia

"Combatir el crimen organizado es un asunto más de inteligencia y menos de fuerza. Se trata de tener la información de manera oportuna para usarla de manera inteligente".

LAURA CHINCHILLA. Presidenta de Costa Rica

"Las drogas son un mal generalizado para la humanidad, sumado a las redes delictivas que alimenta. Actualmente se trafican drogas sintéticas que ponen en peligro la vida de los consumidores, incluso más que las drogas tradicionales, ya que no han sido probadas en seres humanos y que en muchas ocasiones los usuarios no saben qué es lo que ingieren".

El escritor italiano ROBERTO SAVIANO, autor de las obras Gomorra y CeroCeroCero

Dedicatoria

A las víctimas del consumo de drogas.

Agradecimiento

Agradezco a Dios por permitirme llegar hasta esta etapa de mi vida.

Mención especial a mis colaboradores por el apoyo que me dieron durante esta investigación.

Introducción

La delincuencia organizada amenaza insistentemente con adueñarse del mundo, ya que en su carácter de transnacional, y de manera rápida, amplía y desarrolla sus redes, haciendo que cualquier intento de combatirlo, sea un esfuerzo muy difícil de realizar.

Sus actividades obligan a los gobiernos del mundo a tomar conciencia de la necesaria cooperación que ha de existir entre sus fuerzas de seguridad, de prevención y control, para poder combatirlas.

No cabe la menor duda que los países realizan importantes avances para desarticularlo, pero las viejas desconfianzas y un excesivo nacionalismo de algunos de ellos, bloquea la progresión de colaboración, impidiendo acciones rápidas para lograr la unidad contra el tráfico de drogas, que es la máxima expresión de la delincuencia transnacional.

Ante tal peligro y devastador enemigo, se debe estrechar la cooperación de los pueblos para trabajar unidos, como un solo Estado, sin prejuicios, sin vicios, ni mezquindad. Y aún más cuando sabemos que la delincuencia organizada, a través del lavado de dinero y el tráfico de drogas, corrompe las instituciones públicas y privadas, *convirtiendo a los gobiernos en lentos, burocráticos e ineficaces*. Sin los recursos adecuados, el mundo seguirá teniendo problemas económicos con instituciones estatales débiles y fáciles de utilizar.

El tráfico de drogas ilícitas no es un fenómeno estático. Como se ha expuesto en reiteradas ocasiones. Al tráfico ilegal hay que entenderlo como "una cadena de valor económico" que tiene perspectivas "de mercado, logística, operacionales, de rutas estratégicas y modus operandi".

Ese es el gran negocio de la delincuencia organizada para hacer dinero sucio, multiplicarlo, ser innovadores y adelantados a los tiempos modernos, ya que se las ingenian a fin de adoptar nuevas sustancias con distintas combinaciones o modalidades de producción, bien con elementos ilícitos o lícitos con receta, con fines no médicos, para mantenerse en el negocio.

Sus estrategias de competencia, su sistema de proveeduría, la innovación, el financiamiento y la operación, es decir, su plan de negocio, es difícil de conocer.

Buena parte de lo que hoy se sabe es gracias a la contabilidad forense con la cual reconstruyen el negocio cuando éste ya fue desarmado por la misma organización que lo creó, y así evitar la huella que pueda delatarlos. Para un ciudadano común, el negocio es aún menos evidente, aunque todos los días conviva con él.

Es necesario establecer un plano de inmanencia, un horizonte desde donde pueda ser visto, investigado y estudiado el concepto de "nuevas sustancias", para permitirnos hablar sobre la problemática del consumo de sustancias psicoactivas.

Desde luego el concepto es amplio por demás si se parte del hecho de que una sustancia se hace nueva desde el mismo momento que llega e interviene, interfiere y surte relaciones duraderas o pasajeras en una localidad y/o comunidad; en esa medida cualquiera de las sustancias psicoactivas puede convertirse en nueva droga, independientemente si son tradicionales o emergentes, sintéticas o de diseño.

Sin embargo, el concepto común dado del que tampoco nos apartamos, traduce "nuevas sustancias" como aquellas que emergen de lo natural para ser sometidas a procesos químicos o que son fabricadas directamente por laboratorios al interferir sobre una particular organización molecular.

Las Nuevas Sustancias Psicoactivas (NSP), conocidas comúnmente como "drogas sintéticas", son utilizadas para modificar la conciencia, el estado de ánimo y pensamiento de una persona, así como los procesos físicos con que actúan en el cerebro, que es de donde parten los mecanismos que normalmente existen para regular las funciones de estados de ánimo, pensamientos, comportamiento y motivaciones de los seres humanos.

Comercializadas como "drogas del placer", estas Nuevas Sustancias Psicoactivas, proliferan a un ritmo sin precedentes, originando "desafíos inéditos" para la salud pública, problemática planteada insistentemente por las Naciones Unidas, que como ejemplo de la profusión de estas drogas, señala en su informe del año 2020, que alrededor de más de 271 millones de personas usaron drogas en todo el mundo durante el 2019, lo cual supone un aumento de 55% con respecto al 2017, mientras que más de 35 millones de personas sufren trastornos por el uso de drogas, equivalente a 11% de usuarios.

Asimismo, 34.2 millones de personas de 15 a 64 años usaron estimulantes de tipo anfetamínico; 18.2 millones en el mismo rango de edad usaron cocaína, y 34.3 millones usaron opioides, con un total de muertes relacionadas con estas drogas de un 71%, incrementándose en mujeres a un 92%, mientras que en hombres la cifra está en un 63% a nivel mundial.

La Oficina de Naciones Unidas contra la Droga y el Delito (ONUDD, o UNODC, del inglés *United Nations Office on Drugs and Crime*) en su último Informe Mundial sobre las Drogas del año 2020, señala la necesidad de vigilar, profundamente, los mercados de cannabis, ya que las consecuencias negativas para la salud de una iniciación temprana en el consumo con fines no médicos, deben comprenderse mejor, principalmente por parte de la juventud, a través de estrategias de prevención.

Pero lo que sí sigue siendo difícil de evaluar, es el impacto que han tenido las leyes que han legalizado el cannabis en algunas jurisdicciones, destacando que su consumo ha aumentado en todos estos lugares tras la legalización. En algunas de estas jurisdicciones los productos de cannabis más potentes son también los más comunes en el mercado.

El cannabis sigue siendo la principal droga que pone en contacto a las personas con el sistema de justicia penal, pues es causa de más de la mitad de los delitos relacionados con drogas, de acuerdo con datos de 69 países que abarcan el período entre 2014 y 2019.

Por otro lado, la disponibilidad de los opioides farmacéuticos para usos médicos varía en todo el mundo, calculándose que más de 53 millones de personas lo consumen a nivel mundial, aumentando anualmente hasta un 56% con respecto a la estadística de cada año anterior. Y donde, por ejemplo en 2019, fallecieron más de 585 mil consumidores a nivel internacional.

Más del 90% de todos los opioides farmacéuticos disponibles para el consumo médico se encuentran en aquellos países de altos ingresos durante el 2019, los cuales abarcan alrededor del 10% de la población mundial, mientras que los países de bajos y medianos ingresos, que abarcan al 88% restante, consumen menos de 10%. El acceso a estas sustancias depende de múltiples factores, entre ellos la legislación, la cultura, los sistemas de salud y las prácticas de prescripción.

Sumar y controlar

Pero realmente lo que hace sumar las ganancias y controlar los riesgos, es que dicha suma de dinero sucio, nunca se conoce. Es la que se invierte y asegura las fuentes de liquidez del traficante, la que ha convertido este fenómeno en una industria, ilegal por supuesto, pero también innovadora y flexible.

Es importante indicar que el ritmo de creación de estos estupefacientes, de preparación con químicos, representa todo un desafío para el actual sistema de lucha contra el tráfico y consumo de las drogas, que sin lugar a dudas tardan más en identificar estas sustancias, que ellas en aparecer. La velocidad y creatividad del fenómeno es un reto para el sistema de fiscalización internacional de drogas, por lo rápido que se producen y trafican y que llegan a venderse de forma descarada hasta en internet, pese a ser más dañinas que los estupefacientes tradicionales a los que imitan.

Cabe señalar que durante muchos años se ha tratado de luchar contra el problema de las drogas, pero cuando redujeron los presupuestos de prevención y tratamiento del consumo de drogas y otros riesgos, como el suministro de naxalona para el manejo y reversión de las sobredosis de opioides, esta batalla podría verse muy afectada, originando que la cooperación internacional pasara a ser menos prioritaria, facilitando de esta manera que aumenten las operaciones para los narcotraficantes.

Quienes las comercializan aprovechan muchas veces el vacío legal que existe en diversos países donde no han sido prohibidas, porque ni siquiera han sido detectadas como ilegales, ya que son vendidas de forma legal como "sales de baños", estimulantes o "incienso", marihuana sintética y como "una diversión de bajo riesgo", cuando realmente son muy destructivas, ya que causan graves intoxicaciones que pueden inducir al suicidio e, inclusive, su excesivo consumo produce la muerte inmediata.

Aunque estas nuevas sustancias están más extendidas en Europa y América del Norte, su origen está sobre todo en Asia, especialmente en aquellos Estados con industrias químicas y farmacéuticas avanzadas, presentando un altísimo consumo. Por ejemplo, en los Estados Unidos de América se puede apreciar que alrededor del 10% de su población entre 15 y 24 años de edad, ha utilizado alguna de estas NSP, mientras que en Europa casi el 8% de los jóvenes ha tenido acceso a ellas, siendo Polonia, Reino Unido, Francia, Alemania y España, países donde son mayormente negociadas para el tráfico y consumo, según cifras aportadas por la UNODC.

En estos y otros países, el tráfico de drogas representa un altísimo y rentable negocio, que se triplica como una máquina de hacer dinero a manos llenas, y donde millones de personas, entre químicos o "cocineros", quienes producen las sustancias psicoactivas; gatilleros, transportistas, policías, cubren una nómina superior a cualquier importante empresa, de las más renombradas en cualquier país del mundo.

Se dice que más del 50% de algunas poblaciones de México, Colombia y Estados Unidos, están al servicio de la delincuencia organizada, utilizando además, a gran parte de los habitantes a quienes les dan trabajos indirectos, como motorizados y comerciantes de tiendas, donde obtienen los tambores de solventes y químicos usados en la producción de pinturas y perfumería, que al combinarlos con dichas sustancias se obtiene una alternativa a la efedrina, que sirve para producir metanfetaminas. Así muestran su innovación y capacidad de reacción para hacer negocios.

Ése es el negocio de "las drogas sintéticas". Su principal ventaja competitiva, tal como sucede con las actividades formales, es el manejo de grandes cantidades de dinero sucio, donde por citar un ejemplo, en los Estados Unidos se trafica más del 80% de las que llegan de México, superando la obtención de dinero que ganaron en su momento los cárteles colombianos de Medellín y Cali, cuando el famoso capo Pablo Escobar apareció en la Revista Forbes entre los hombres más ricos del mundo, con una riqueza estimada en 3,000 MDD.

Escobar controlaba el 90% del narcotráfico en el mundo por su hegemonía sobre los laboratorios de cocaína y compartía ganancias con el cártel de Cali.

Así será lo fructífero del negocio del tráfico de drogas, que en algunas ediciones de la revista Forbes se incluyó en uno de sus artículos sobre los narcos más ricos del mundo, a Joaquín 'El Chapo' Guzmán, ex Jefe del cártel de Sinaloa de México, a quién se le adjudicó una fortuna de 1,000 MDD. Guzmán era un líder que controlaba el 50% del mercado de las drogas mexicanas, según fuentes periodísticas, que además divulgan que algunos de sus colegas traficantes, como Ignacio Coronel e Ismael 'El Mayo' Zambada, podrían ganar tanto o más que Guzmán.

Pero el precio que pagan los países por esta actividad es muy alto, pues la economía ilegal es una expresión de capitalismo crudo y primitivo, que contradice el espíritu de cambio. Esta industria debilita la legitimación de los derechos de la propiedad, desinfla el crecimiento de la economía formal, dificulta la obtención de impuestos, demanda más gasto público y legitima la violencia como la mejor arma predatoria de negocios, con inmensos costos sociales, económicos e individuales y con altísimas y graves consecuencias para los ciudadanos afectados.

Es así que puedo afirmar que la delincuencia organizada tiene un severo costo dentro de la productividad y el desarrollo de la economía, así como en la capacidad de los países para atraer y retener inversiones para la competitividad. Aunque el impacto no se puede medir con variables cuantificables para saber de manera rigurosa cuántas inversiones extranjeras fueron efectuadas por dicha actividad delictiva, no deja de contemplar, por ejemplo, sobre los aspectos institucionales y costos para los negocios del crimen y la violencia, y el crimen y la confiabilidad en los cuerpos policiales.

El peso del crimen a la hora de tomar decisiones estratégicas es cada día más evidente, sobre todo cuando realizan secuestros, extorsiones o asesinatos, lo que deteriora aún más la competitividad a través de la notable huida de empresarios y profesionales que se van para librarse de esa violencia.

Por muchos años los traficantes de drogas han gozado de una actividad delictiva, que aunque lucrativa, es muy irregular, pues los envíos de las drogas no siempre garantizan una fuente continua de ingresos, y menos cuando es decomisada en los amplios operativos que realizan las autoridades en cada región o país. Hay muchos peligros, riesgos con pérdida de vidas y de cargamentos con mucho dinero por delante. Era y sigue siendo, para quienes se encargan del tráfico tradicional de drogas, un altísimo riesgo.

Pues bien, ahora los traficantes buscan mayor estabilidad financiera al incursionar en las drogas sintéticas, debido a su alta demanda y su bajo costo de producción. Producir un kilo de metanfetamina cuesta 2,000 dólares, por ejemplo en Colombia, mientras su precio en Estados Unidos puede valer entre US$30 y US$60 el gramo, en Australia y Nueva Zelanda puede costar entre US$140 y US$830 el gramo.

Ellos se dedicaron a la producción y comercialización de este narcótico que tiene un costo aproximado de 2.200 dólares el kilo en Bolivia, 2.000 dólares el kilo en Colombia o 1.000 dólares el kilo en Perú. Sin embargo en Europa el precio de esta droga asciende a los 35.000 dólares el kilo. Esto hace que el mercado europeo sea el idóneo para comercializar el producto.

Igualmente, cultivar la coca, procesarla y producirla en las altas y escondidas montañas frías y peligrosas de Bolivia, Colombia, Perú, o Guatemala, resulta muy costoso, mientras que montar un negocio ambulante que suministre materiales de limpieza en plena población de cualquier de estos países productores, origina más dinero a menos costo, utilizando una fila de grandes calderas cubiertas de vidrio para fabricar una cantidad del sintético polvo blanco conocido como metanfetamina de cristal o hielo, que se vende a enormes cantidades de dinero.

A pesar de que constantemente se destruyen sus depósitos, la producción de metanfetaminas vive un auge. Esta pujante industria es una gran preocupación para la policía, pues les da a los traficantes un producto muy redituable que se puede fabricar utilizando ingredientes legales en cualquier localidad, llevando la brutal guerra de las mafias a zonas que anteriormente no eran afectadas por la violencia.

La mayor confiscación de esta Nueva Sustancia Psicoactiva fue en una hacienda en las afueras de la occidental ciudad de Guadalajara (México), en febrero el año 2012, donde hallaron 15 toneladas de cristal procesado, uno de los botines más grandes capturados en el mundo. Si se hubiese vendido en pequeñas dosis en Estados Unidos, esa producción habría costado unos 1.200 millones de dólares.

La producción de metanfetaminas tiene ventajas sobre la de cocaína y marihuana: no depende de alianzas con productores o de grandes extensiones de tierra para sembrar la droga; se pueden producir en grandes o pequeños laboratorios, o en una van o casa rodante, o en una vivienda cualquiera y con una pequeña inversión, de mucho menos de 2.000 dólares, y donde sólo se requieren los insumos necesarios, como la efedrina, una sustancia que sirve para hacer antigripales o de un buen químico que garantice la calidad del producto, como han hecho muchos traficantes que a falta de la efedrina, por su prohibición en la mayoría de los países, tienen sus propias fábricas de químicos, como existen en Pakistán, China, España, Estados Unidos, México y Rusia.

Según agentes de la DEA, los cárteles mexicanos son los más activos en el mercado de las Nuevas Sustancias Psicoactivas. Se afirma que "los cárteles que no estaban en ese negocio entraron cuando vieron los millones que obtuvo el chino Zhen Li Ye Gon", el empresario acusado en México de tráfico de drogas en 2007 y a quien le confiscaron, nada más y nada menos que 205 MDD en efectivo que encontraron en su domicilio. El desmantelamiento de este imperio eliminó del mercado a un gran importador de efedrina, y causó estragos en el cártel del Golfo, dueño del dinero y de las instalaciones incautadas al empresario chino.

Es bueno mencionar que el Fondo Monetario Internacional en sus variados informes ha señalado que desde que se controló en el año 2008 el uso de efedrina en casi todos los medicamentos, así como toda importación legal del insumo, comenzó a propagarse el uso de las sustancias psicoactivas en el mundo, a lo que se suma que condenados por estos casos casi no existen, y si los hay, son menos del 25%.

Esto me lleva a pensar que si el día de mañana se acaba la producción y los laboratorios de drogas sintéticas, seguro que los traficantes encontrarán nuevas formas para mantener el negocio sucio de la delincuencia organizada.

En el Acta de Combate contra las Anfetaminas aprobada en Estados Unidos en el 2005, fue difícil poder conseguir químicos precursores y muy necesarios para fabricar esta droga, incluyendo la pseudoefedrina y la efedrina, que se utilizan en productos comerciales como medicinas para la gripe.

Si bien existen leyes y la ofensiva policial que logran una disminución en la producción estadounidense, igual hay nuevos métodos para obtenerla y seguir aumentando su consumo y tráfico, representando un altísimo problema para los países desarrollados y en desarrollo, que se ven invadidos por la satánica droga que acaba con las vidas de millones de seres humanos en el mundo.

Por ejemplo, en el año 2011 los agentes estadounidenses confiscaron 9000 kilos de metanfetamina en la frontera suroccidental con México, el doble desde el 2008 cuando se capturaron 4300 kilos, pero los traficantes también usan costas de América Central y las autoridades guatemaltecas llevaron a cabo en el año de 2013, grandes confiscaciones de precursores relacionados con los cárteles mexicanos. Los químicos de la redada en Manzanillo (México), habían sido fabricados por una compañía ilegal en China.

En años anteriores las autoridades de Estados Unidos, en colaboración con sus homólogos australianos, decomisaron en California, en 2019, lo que describieron como el mayor cargamento de metanfetaminas que se ha incautado en ese país. Eran 1,7 toneladas de droga que iban dirigidas a Australia, equivalente a 17 millones de transacciones callejeras con un valor estimado en US$1.000 millones. Y se dijo que su procedencia era el cártel de Sinaloa, en México, uno de los mayores productores de metanfetaminas del mundo.

Los precursores, sustancias necesarias para la producción de estupefacientes, entre otros, también han sido fabricados hasta en lejanos lugares como Irak, India y la República Centroafricana, según el Consejo Internacional de Control de Narcóticos (INCB por su sigla en inglés). Los químicos son con frecuencia importados por compañías en apariencia legítimas, lo que hace más difícil la búsqueda desde Rusia, Pakistán, Holanda e Indonesia, entre otros.

Es de resaltar que las drogas sintéticas aumentan la energía a quienes la consumen, pudiendo trabajar o salir a divertirse por largos períodos sin descanso. Es también popular por incrementar el apetito sexual y la resistencia, según afirman ex adictos. Pero los médicos afirman que, por ejemplo, la metanfetamina es una de las drogas más letales, incluso peor que la heroína o la cocaína.

Afirman los expertos que estas NSP puede que hagan sentir bien a las personas por un tiempo, pero luego las destruye por completo, las pone nerviosas y paranoides e histéricas. Pueden permanecer levantadas por días sin comer y quienes son padres no cuidar a sus hijos. Con frecuencia se ven involucradas en accidentes automovilísticos terribles. El consumo de estas drogas por mucho tiempo puede causar un fallo cardíaco y producir la muerte instantánea.

Con la cantidad que se está cruzando para la obtención de estas drogas sintéticas, es definitivamente una preocupación donde cada día los traficantes buscan nuevos mercados para sus productos. La popularidad de las "drogas diabólicas", como se les llama en algunos países, ha crecido globalmente para convertirse en el segundo tipo de droga consumido tras la marihuana, según un informe de Naciones Unidas sobre drogas y criminalidad del año 2020.

En el negocio de la delincuencia organizada hay un dicho que reza: "Es mejor vivir dos años como reyes que 80 como mendigos". Con este decir los traficantes no sufren para encontrar empleados a pesar de la peligrosidad del trabajo. Prefieren a ex militares o ex policías.

Por ejemplo en Birmania, casi la población entera se ha dedicado a la distribución de drogas sintéticas, debido a que la utilizan como trueque, por la falta de dinero en efectivo existente y puede apreciarse cómo cambian insumos de primera necesidad por los estupefacientes ilícitos.

La delincuencia organizada es innovadora y productiva, siendo su mayor ejército los cuerpos policiales, jueces, fiscales del Ministerio Público, y sobre todo funcionarios bancarios de bajos y medianos niveles, a quienes reclutan para realizar sus operaciones de lavado de dinero.

Es tan grande la cifra de dinero sucio que consiguen con las drogas sintéticas que, por citar un ejemplo, en Colombia, uno de los tantos distribuidores con quienes hablamos, nos contó que logran acumular más de 1 millón y medio de dólares al mes, producto de las venta de drogas, citando como caso a un "empleado" o distribuidor que en cinco días vende 100 pastillas de éxtasis, 50 trips (LSD), 50 bolsas de 0,7 gramos de 2CB, y 10 bolsas MDMA (metanfetamina), con lo cual puede obtener más de 4 mil dólares mensuales, siendo los mejores días entre jueves y sábado de cada semana, que es cuando atrapan en las ciudades a muchos capitalinos alrededor del licor y de fiestas, parrandas o discotecas donde se consumen drogas sintéticas sin importar género musical ni edad, ni sexo.

Caber mencionar que con la venta del éxtasis, la metanfetamina y los trips (LSD impregnado en un cartón), el distribuidor logra vender una parte mínima de ese cartón por 30.000 pesos en el mercado colombiano. Es fácil de distribuir ya que se asocia mejor por su efecto psicoactivo con el género electrónico, pues producen euforia y felicidad y hacen más sensible el oído a los sonidos y los mantiene más tiempos despiertos.

Por otra parte, el popper y el 2CB, se consumen ahora en grandes cantidades. El 2CB, conocida también como Nexus o Venus, es tan fuerte que una persona no puede consumirse un gramo. La sobredosis puede acusar alucinaciones con alteración visual y auditiva, arritmias, hipertensión, convulsiones y riesgo de depresión.

Las investigaciones que realizamos en la elaboración del presente libro han permitido distinguir que en los países donde se consumen significativamente estas Nuevas Sustancias Psicoactivas, no se tiene conocimientos claros acerca de distinguir muchas veces una droga de otra.

La mayoría de los consumidores afirman que comenzaron con la marihuana, pasando luego a las píldoras, polvos, y otras sustancias, como la metanfetamina, popper, escopolamina, mandrágora, LSD ácidos, bóxer, Dick, 2CB, rivotril, superman o PMMA, éxtasis o MDMA, Eva o MDEA, Speed (en polvo), polvo de ángel o PCP y la Ketamina (derivada del PCP), entre otras.

Todas guardando una relación parecida y estrecha de estimulantes, mixtas y depresoras con efectos alucinógenos, sensaciones de locura y euforia. La generalidad de consumidores no tiene conocimiento sobre sus componentes, desconocen de donde proviene y cuál es el proceso de estructuración al cual se someten.

Al respecto podría plantearse la hipótesis: si no existe un conocimiento y/o una idea clara sobre la sustancia consumida, probablemente no saben lo que están consumiendo al no tener una reflexión previa al consumo, originando una relación íntima y dañina, de tal manera que desconocen hasta qué punto puede traerles algunos desbordamientos de la conducta que propicien escándalos públicos, desestabilizan emocional y física, actos violentos y hasta algunos delitos característicos de la delincuencia organizada.

En este libro deseo dejar al lector, el poder inferir sus propias reflexiones acerca de la situación por la que está pasando el mundo en lo relacionado a la delincuencia organizada y el uso ilegal de las drogas, especialmente las Nuevas Sustancias Psicoactivas, para que, de alguna manera, debata y compare en su propio entorno del día a día, la violencia y tensión que trae consigo la venta ilegal de estas sustancias llamadas "drogas diabólicas", que no son más que las armas que utiliza la delincuencia organizada para desestabilizar a la sociedad en su perversa misión de mantener el gran negocio del dinero ilícito y, por supuesto, de la creación de nuevos mercados que les permita ampliar y avanzar hacia los objetivos establecidos de tipo delictivo.

Capítulo I

DELINCUENCIA Y DROGAS

El delito resulta ser un fenómeno de conducta propia del ser humano. Como tal, ha sido y es repugnante a la tolerancia de convivencia en todas las sociedades civiles que, como no podría ser de otra forma, ha tratado de protegerse de toda conducta existente en el mundo.

Como aspecto vivo, inherente al comportamiento, el delito evoluciona en sus formas con el único fin de garantizar a los delincuentes el éxito de sus acciones, eludiendo la eficacia de la justicia.

En ese sentido, podemos ver como ya en el siglo XXI, aún persiste y no en escasas proporciones, el crimen "tradicional" en el que puede establecer de forma inequívoca la relación víctima-delincuente, que se ha dado paso hasta llegar de forma paulatina pero aceleradamente, al mundo de la delincuencia organizada transnacional, donde no siempre las víctimas son claramente identificables, sino que más bien, el daño causado repercute sobre la propia sociedad con la que convive, siendo el crimen muchas veces más ágil y con mayor alcance de penetración.

En la comunidad internacional, se han dado los mecanismos adecuados para hacer frente a las modernas formas de delincuencia, tanto a nivel tradicional, esto es, si el delito se comete por individuos aislados o agrupados en pequeñas bandas, como si la acción delictiva se lleva a cabo por grupos de delincuencia organizada. Así, la lucha contra las formas de delincuencia se orienta desde la perspectiva política, judicial y estrictamente policial.

Los nuevos enfoques legislativos (Derecho Orgánico, Derecho Penal Material, Derecho Procesal Penal, Derecho Administrativo y Derecho Internacional) habilitan al Poder Judicial para una mejor acción, potenciando sus recursos en materia de intercambio de información y cooperación.

De la misma forma, la acción policial en materia de prevención e investigación, refuerza sus estructuras basándose en la especialización y en una apuesta firme por la cooperación, colaboración y coordinación internacional y el uso de herramientas extraordinarias en la investigación, que han de gozar del amparo y control judicial a fin de garantizar en todo momento el respeto por las libertades y los derechos individuales sin menoscabo de la eficacia.

A pesar de todo, las tendencias hacia el futuro indican que los grupos organizados evolucionan, cuando menos, a la par que las medidas adoptadas para su represión. Ello, unido a los cambios de actuación de dichos grupos en las estructuras políticas, sociales y geográficas de los países de origen y de aquellos en los que operan, hace que resulte cada vez más difícil su desarticulación.

No puede quedar por fuera la relación existente entre la delincuencia organizada y el nefasto mundo de las drogas, especialmente las Nuevas Sustancias Psicoactivas (NSP), o sintéticas, llamadas a ser hoy por hoy, las más peligrosas del mundo.

La delincuencia organizada permite la evasión de impuestos que, por ejemplo, se origina en México, la cual está estimada en US$ 142 mil millones, y que llegan a los bancos en Estados Unidos a través de la creación de cuentas anónimas, por ser mucho más fácil que los centros financieros internacionales *off-shore*.

Algunos vacíos en el sistema financiero privan al fisco de México de recibir más de 2.400 millones de dólares de ingresos tributarios al año, que es una suma muy superior a los $1.500 millones de ayuda que recibe de Estados Unidos para combatir la violencia asociada a las drogas (la Iniciativa Mérida.), según el Servicio de Administración Tributaria (SAT, Federal de México).

Igualmente la delincuencia organizada permite el lavado de dinero, a pesar de que en julio de 1989 los líderes de las potencias económicas reunidos en la Cumbre del G7 en París, decidieron establecer el Grupo de Acción Financiera Internacional (GAFI) para implementar una estrategia efectiva contra el lavado de dinero (AML por sus siglas en inglés). Sin embargo, desde el inicio del régimen del AML hay una creciente conciencia de que aún no está funcionando como se desea.

Como ejemplo de la lentitud de dichas acciones, observamos el escándalo del Banco HSBC, cuando entre 2006 y 2010, el cártel de Sinaloa en México y el cártel del Norte del Valle en Colombia, movieron más de $881 millones a través de una oficina del HSBC en Estados Unidos y otras sucursales en México.

Banco HSBC

La mayoría de los observadores internacionales sospecharon que este caso fue solo la punta del iceberg, ya que luego fueron apareciendo otros hechos notorios, como cuando las sucursales de dicho banco en Estados Unidos y México fracasaron en monitorear efectivamente el origen de más de $670 mil millones en transferencias y más de $9,4 mil millones en compras de dólares americanos hechas por HSBC México.

Es deprimente observar cómo en esas ocasiones, la delincuencia organizada depositó cientos de miles de dólares en efectivo en un solo día en cuentas individuales, usando cajas diseñadas a la medida de las dimensiones de las ventanillas de los cajeros en sucursales del HSBC en México.

Pero una vez detectadas estas irregularidades, en lugar de buscar una acusación directa contra el banco, las autoridades en Estados Unidos se aseguraron de que HSBC sólo pagara US$1.92 mil millones por los cargos, dejando atrás la verdadera esencia del problema y remitiéndose sólo a la multa, que representó menos del 10% de la utilidad antes de impuestos (de US$20,6 mil millones) que reportó HSBC en 2012, creando así más dinero para la delincuencia organizada.

El gran negocio

A todo esto se suma que los países europeos son los principales productores y exportadores de las "Nuevas Sustancias Psicoactivas o Drogas Sintéticas" que abundan en las calles en forma de pastillas coloridas, polvos inmorales, sales de baño, entre otras formas físicas en las que son negociadas por la delincuencia organizada, aumentando así sus rutas de enriquecimiento.

De todas formas esas drogas mantienen sus respectivas características, lo que obliga a clasificarlas, según sus efectos, procedencias, modos de usos, etc.

En cualquiera de sus presentaciones y componentes químicos, atacan de manera despiadada a los más débiles, como niños y adolescentes, incorporándolos al crimen, como lo han revelado insistentemente, no sólo las Naciones Unidas, sino infinidad de organismos e instituciones que se dedican a la lucha contra la delincuencia organizada y demás actos que se utilizan para cometer los ilícitos.

Desde el punto de vista comercial se encuentran dos vertientes: en el entorno rural, niños, niñas y adolescentes indígenas o migrantes que son incorporados forzosamente a las filas de la delincuencia organizada; y en el entorno urbano, la inclusión es voluntaria, hasta el extremo de que según estos organismos que se dedican a su estudio, prevención y control, aún cuando no determinan cifras de menores inmiscuidos en el crimen organizado, sí estima que, por ejemplo, hay entre 30,000 y 50,000 menores de edad en la venta y consumo de drogas, solamente en Perú.

Todo refleja, sorprendentemente, cómo la parte concerniente al sistema penal latinoamericano ha incrementado el volumen de jóvenes infractores, donde más de un tercio de esa población carcelaria está constituido por jóvenes entre 18 y 35 años, con muy bajo nivel de educación, marcada desigualdad económica, y una gran discriminación, lo que motiva que muchas personas laboren en condiciones ilegales, especialmente vendiendo pastillas multicolores y variados sabores que representan las Nuevas Sustancias Psicoactivas, uniéndose al lavado de dinero, secuestros, extorsiones, para de esta manera seguir empobreciendo y distorsionando el desarrollo económico de las naciones.

A esto se suma el creciente consumo de estas Nuevas Sustancias Psicoactivas o Drogas Sintéticas, que actualmente cubren las primeras páginas de muchos diarios del mundo con noticias pavorosas de lo devastadoras que son, tanto para el ser humano como para el progreso y desarrollo de los pueblos. En esas páginas se destaca como las organizaciones delictivas desestabilizan los gobiernos, con laboratorios ambulantes, difíciles de detectar.

Cabe indicar que en la actualidad existe una amplia disponibilidad de drogas, legales e ilegales, que a pesar de no disponer de cifras concretas mundiales relativas al consumo con fines no médicos de drogas de venta con receta distintas de los opioides y las anfetaminas, sí se puede afirmar que mayormente son solicitadas las relacionadas con tranquilizantes, somníferos, hipnóticos y otras, que se pueden conseguir fácilmente en las farmacias sin recetas médicas, y las cuales sirven para la elaboración de las drogas sintéticas.

Según informes de las Naciones Unidas, el consumo de drogas sintéticas constituye un problema muy grave, con tasas de prevalencia que superan las de numerosas sustancias sometidas a fiscalización en muchos países.

Por ejemplo, la ONUDC reseña que en los Estados Unidos se observa una prevalencia durante toda la vida, anual y mensual, del consumo con fines no médicos de fármacos psicoterapéuticos, en su mayoría analgésicos, de 20,4%, 6,3% y de 2,7%, respectivamente, entre las personas mayores de 12 años, estudiadas en el 2019, con tasas superiores a las del resto de las drogas, excepto el cannabis, donde los hombres usan más que las mujeres los tranquilizantes y sedantes con fines no médicos, especialmente en América del Sur, Centroamérica y Europa.

Drogas letales

Las drogas más letales son los opioides, que están detrás de dos tercios de las muertes registradas. Sólo en EEUU las muertes por sobredosis en 2019 ascendieron a 58.000. La ONU calcula que se perdieron unos 42 millones de años de vida sana debido a muertes prematuras y años vividos con alguna discapacidad por el consumo de estupefacientes.

Entre las sustancias ilícitas más conocidas y de mayor peligrosidad, están por ejemplo, la fórmula de la politoxicomanía destinada a potenciar o a contrarrestar sus propios efectos, y donde se incluyen sustancias análogas a la metcatinona-metilmetcatinona, (conocida también como mefedrona, la metilendioxipirovalerona (MPDV), o "sales de baño" o "alimento vegetal", el "éxtasis", "cristal meth", "krokodil", "ketamina", entre otras drogas que parecen estar de moda, y se pueden obtener en cualquier sitio, calle, discotecas, colegios, debido a que las organizaciones del tráfico ilícito de drogas siguen adaptando sus estrategias de fabricación, a fin de evitar la detección, aumentar sus rutas de negocios y sobre todo resguardarse de la acción de la justicia y cuyas modificaciones del proceso de fabricación ilícita desafían a las autoridades de fiscalización de drogas en todo el mundo. *"Ellas son el gran negocio de la delincuencia organizada".*

El negocio de las drogas sintéticas deja grandes ganancias

Hoy la producción de drogas sintéticas sigue obteniendo excelente ingresos económicos ilegales, dejando atrás la tétrica imagen ligada a agujas y cadáveres, que es característica en muchas regiones del mundo, especialmente en Estados Unidos, donde adquiere gran demanda, impulsada por los bajos precios en comparación con otros narcóticos de mayor pureza y creciente dificultad para acceder.

Pongo como ejemplo a los Estados Unidos de América por ser el país más afectado por el tráfico y consumo de drogas ilegales. Y es así que de acuerdo a los últimos datos obtenidos por la Agencia de Abuso de Sustancias y Servicios Mentales de EE.UU.

(SAMHSA), se revela que el número de personas en dicho país dependientes de drogas sintéticas, han registrado un crecimiento de más de 50 % de consumidores desde 2017.

Debido a esto, las autoridades estadounidenses, que vieron un incremento notable del consumo de fármacos legales durante la década de 1990, aumentaron los controles para su venta y fortalecieron los requisitos para conceder sus recetas, que aún no afecta el gran negocio del tráfico de drogas que realiza la delincuencia organizada, sino que día a día aumenta sus entradas de dinero poniendo al alcance de los viciosos la dosis que desean y al alcance de todos, y donde el consumidor consigue más por el mismo dinero, sobre todo cuando el adicto está enganchado. Si no puede conseguir lo que quiere, toma lo que encuentra.

El negocio de los fármacos en Estados Unidos

Fármacos y ganancias

Al menos 450 mil personas han muerto en veinte años en EE.UU. tras consumir drogas que debían usarse para enfermedades terminales, teniendo como ejemplo el conocido fármaco oxicodona que es un potente analgésico que se le señala como uno los principales causantes de decesos en el país norteamericano y que además le cuesta casi 80 mil millones de dólares al año a la nación.

Hay cientos de miles de casos de personas afectadas por haber consumido esta droga que inicialmente debía usarse para enfermedades terminales, indicándose que hubo reportes sobre numerosos niños que han sufrido una sobredosis porque encuentran el medicamento en el armario de las medicinas, se lo prescriben o lo consumen de manera recreativa sin saber lo altamente adictivo que es.

A consecuencia de ello, existen miles de querellas presentadas de costa a costa contra la farmacéutica, se están canalizando al extremo que se creó un fondo económico con más de 10 mil millones de dólares que se divide entre los individuos y los municipios afectados, y los cuales sirven para manejar las demandas contra los infractores.

Pero más allá de multas e indemnizaciones económicas para los afectados, es bueno señalar que es muy raro que este tipo de casos culminen con los responsables entre rejas y que la imputación de cargos penales es una decisión que depende de las autoridades.

La lección que se debe tener es sobre la responsabilidad corporativa. Deben ser honestos, las vidas de quienes tomaron la decisión de prescribir y expandir el uso de esta droga que mata.

Las compañías farmacéuticas llevan décadas extendiendo sus tentáculos por hospitales y centros médicos del país y seduciendo al personal sanitario con suculentos regalos y sumas monetarias, a cambio de que éstos receten sus medicamentos y se conviertan en embajadores de sus marcas.

En noviembre del 2019, el Departamento de Justicia de EE.UU anunció una condena de tres años de libertad condicional para

Heather Alfonso, la enfermera originaria de Carolina del Sur, que se había convertido en la mayor prescriptora en Connecticut de Subsys, un spray de fentanilo indicado para pacientes con cáncer.

Las investigaciones federales confirmaron que, entre enero de 2013 hasta el presente, las farmacéuticas organizan charlas, vacaciones, te invitan a conocer más detalles de sus productos, se gastan cientos de millones de dólares al año en ventas para convencer al personal médico de que cambie su patrón de prescripciones.

Aun así, el porcentaje es pequeño para los gremios y denuncias de las bandas de las farmacéuticas, que invierten grandes sumas de dinero en anunciar sus productos en televisión para que, ya en la consulta, sean los pacientes quienes le pidan la receta al médico.

Debido a eso la crisis de opioides ha sido tan devastadora, porque utiliza el sistema sanitario y el sistema de seguros para distribuir una droga que es muy peligrosa. Ni se ahorra dinero, ni se crea eficiencia, ni se mejora la salud: Es un gran negocio donde las mafias se benefician en grande.

Con la llegada de medicamentos más potentes y más duraderos para tratar el dolor, comenzó una oleada de prescripciones que facilitó el acceso de la población a opioides que generan una gran dependencia física.

Al acabar el tratamiento médico, algunos pacientes que desarrollan dependencia física a un opioide recetado, recurren al mercado negro y se enganchan a drogas ilegales como la heroína, cuyo consumo compite con la droga de moda en EE.UU. y Canadá: el fentanilo.

Según la prescripción de fentanilo (una droga sintética entre 50 y 100 veces más potente que la morfina) debería limitarse a pacientes en fase avanzada de cáncer que presentan fuertes dolores.

Pero los consumidores que no consiguen una receta, encuentran su modalidad ilegal en el mercado negro, donde el fentanilo tiende a mezclarse con heroína, cocaína o ambas drogas. También hay quienes consumen fentanilo con metanfetaminas en una combinación que suele resultar letal y que, en Los Ángeles, parece haberse popularizado entre la gigantesca comunidad de indigentes que malviven en tiendas de campaña en el barrio de Skid Row.

El fentanilo es más potente, es más fácil para traficar y se necesitan dosis más bajas para generar la misma sensación que con la heroína. Por ello, para un narcotraficante, es un mejor producto.

El problema es que la dependencia física al fentanilo es tan elevada que aumenta el número de veces que se necesita para usar opioides. Y ahora en EE.UU. y Canadá hay una crisis de fentanilo que no creo que se vea en ningún otro país del mundo.

Aunque él es un opioide 50 veces más potente que la heroína, en el negocio inescrupuloso de las drogas, la mezcla de ambos resulta altamente rentable, aún a costa de los mortales efectos que puede tener.

Un testimonio, quién prefirió mantener el anonimato, nos relató que al mezclarlos se debe mantener un equilibrio entre hacer ganancias y no "matar" al cliente, es decir, que se juega con el riesgo de la muerte sin temer a las consecuencias.

La persona mezcla primero una cantidad de heroína con un laxante, que requiere de una inversión aproximada de $700, le agrega 1 gr de fentanilo, sumando otros $100, completando un costo total de $850. De acuerdo a su relato, la venta final del producto obtenido resulta por $2.600.

El tráfico de esta droga en Norteamérica y la pandemia nacional de opioides en Estados Unidos no sólo han catapultado el riesgo de sobredosis, sino que también han extendido el uso de las jeringuillas, lo que a su vez aumenta el riesgo de contraer VIH, Hepatitis C y de desarrollar infecciones de la piel y de los tejidos subcutáneos.

Hay numerosos casos de VIH en lugares como Boston, donde nunca antes se había visto, y ahora se prevé que el consumo de opioides se dispare aún más.

Por supuesto que a todo esto se le suma la importancia de los demás factores que contribuyen al aumento del consumo de las Nuevas Sustancias Psicoactivas, cuyos traficantes son difíciles de detectar, ya que se mueven de un lugar a otro sin problema alguno, dificultando su detección por parte de las autoridades competentes, especialmente de la DEA y de la Agencia Antidrogas de EE.UU.

Cabe indicar que fruto de esta nueva realidad, el perfil geográfico del consumo de drogas ha variado. Cada vez comienzan a salir de su habitual ambiente urbano y aparecen en localidades rurales que no habían sufrido las consecuencias de la adicción.

Pero la adicción no se detiene, llegando a todos los niveles de la sociedad, como lo indican algunos ejemplos, como el caso de la dramática muerte del joven actor Cory Monteith, de la popular serie televisiva "Glee", quien falleció a causa de una sobredosis de heroína y alcohol, que originó un auge de estas drogas sintéticas como excusa de reemplazo de las drogas ilegales tradicionales.

Cory Monteith

Cabe decir que no existe control, ni información objetiva sobre la magnitud, características y tendencias del consumo de estas drogas sintéticas, especialmente en las regiones donde se observa un aumento y una evolución. Los datos han mostrado que los países que han creado sistemas integrados de vigilancia del consumo, como en Nueva Zelanda, están en mejores condiciones de afrontar esa situación de una manera eficaz.

Por tal razonamiento la ONUDC solicita que los Estados Miembros examinen con detenimiento los progresos alcanzados en la aplicación que harán de la Declaración Política y el Plan de Acción sobre Cooperación Internacional en favor de una estrategia integral y equilibrada para contrarrestar el problema mundial de estas drogas, donde la obtención de información fidedigna y de gran calidad sobre la magnitud y las tendencias del consumo, constituyan la base de una evaluación de los progresos alcanzados, para lograr así el establecimiento de sistemas eficaces de vigilancia sobre esta problemática.

Nuevos mercados

La producción mundial de cocaína se situó en 2017 en un récord histórico con 1.976 toneladas, un 25 % más que el año anterior. El 70 % de esta producción con una pureza del cien por cien procede de Colombia. También la cantidad de cocaína incautada por las fuerzas de seguridad es la mayor de la historia, con 1.275 toneladas, un aumento del 13 % respeto al año anterior.

El flujo de cocaína a través de África Occidental parece haber disminuido cerca de 18 toneladas por debajo de un máximo de 47 toneladas en 2017. Estas 18 toneladas valdrían US$1,25 billones al por mayor en Europa, proporcionando a los traficantes de África Occidental un ingreso sustancial. Los modos de transporte de cocaína desde Sudamérica a Europa a través de África Occidental han cambiado con el tiempo, en respuesta a los esfuerzos de aplicación.

Gran parte de la cocaína hacia África Occidental hoy transita por Brasil, donde grupos criminales nigerianos están exportando la droga. Recientemente, estos grupos han ido entrando en los envíos mediante contenedores y transporte marítimo, adoptándolos como métodos además de sus técnicas tradicionales de aire, mendicidad y envíos postales.

De África Occidental se ha observado un aumento en el uso de Benin como punto de partida para los mensajeros de aire. La producción de metanfetamina en la región es una preocupación creciente, con varios laboratorios de dicha droga detectados en Nigeria, el mercado principal para el oeste de África.

Las diferentes categorías en las que se pueden encerrar a los tipos de drogas, obedecen a distinto aspectos. Las clasificaciones pueden referirse a la legalidad de producción, consumo y venta, en caso de las drogas legales e ilegales; por su acción, como las alucinógenas, estimulantes o depresoras del sistema nervioso central; y por su método de elaboración, como las drogas naturales o Nuevas sustancias Psicoactivas.

Las NSP pueden ser tanto sintéticas como semi-sintéticas, dados sus elementos y su modo de elaboración. Las semi-sintéticas, se caracterizan por ser drogas obtenidas por la síntesis de una sustancia natural, a través de una modificación y combinación química. Las más comunes son la morfina, la heroína, la codeína y la metadona, todas derivadas del opio, así como la cocaína, sustancia derivada de la planta de coca.

Por otro lado, las NSP sintéticas, son drogas que se forman por síntesis total de sustancias químicas. Algunos ejemplos son las anfetaminas, los fármacos, los hipnóticos, los barbitúricos, inhalantes y esteroides anabólicos. Entre otros.

El mercado de los estimulantes sintéticos y otras drogas químicas continúa expandiéndose. En Asia, el continente más poblado, son las más consumidas. La ONU reconoce que es difícil hacer estimaciones sobre estas drogas sintéticas, pero el incremento de las incautaciones y el descenso de los precios apuntan a un mercado en expansión. En el mundo hay unos 29 millones de consumidores de anfetaminas y estimulantes análogos, mientras que existen unos 21 millones que toman "éxtasis".

El gran negocio de los narcotraficantes

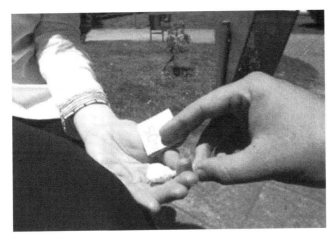

El gran negocio de las drogas

Cabe indicar que la delincuencia organizada utiliza las drogas ilegales para originar una actividad altamente rentable, comercial e ilegal. Es uno de los fenómenos criminales más complejos e invasivos de nuestro tiempo y una actividad principal para muchos delincuentes. Se trata de un enorme desafío económico con más del 70% de los productos del delito de tráfico de drogas que se lavan a través del sistema financiero en la economía lícita.

La globalización y la tecnología han transformado el mercado moderno internacional de las drogas y ahora nos enfrentamos a nuevos retos en el tratamiento de una forma más innovadora. Se unieron, y de ese movimiento surge un mercado que es rápido en la identificación de oportunidades, explotando las debilidades y respondiendo a las contramedidas, que a través de rutas de tráfico se han diversificado con drogas que se mueven por canales complejos de transporte legítimos, convertidos cada vez más en oportunidades que ofrecen un mercado global, donde los bienes y servicios se están desplazando aceleradamente.

Las Nuevas Sustancias Psicoactivas se desarrollan y comercializan a un ritmo cada vez más rápido y esto es un desafío global para las políticas de control de drogas ilegales.

El aumento de la sofisticación se ve en la producción de drogas sintéticas, que a menudo se está llevando a cabo cerca de los consumidores, con productos químicos de fuentes más diversas y no reglamentadas. Sus productos como metanfetamina, ketamina, éxtasis, cristal meth, sales de baño, krokodil, polvo de ángel, están operando a través de unidades móviles que puede ser fácilmente instalada en la parte trasera de un camión, o incluso en un remolque, configurado en pocas horas. El bajo costo y corto tiempo requerido reduce la espera necesaria para el productor, en lugar de que esté físicamente presente durante el proceso de producción.

Es importante indicar que se detectó el abuso del analgésico sintético tramadol, similar a la morfina y fabricado de forma ilícita en Asia, donde es más extendido de lo pensado, y donde, por intereses de los sectores de la delincuencia organizada escasean los datos sobre el impacto de las drogas en la salud pública. Las incautaciones mundiales han pasado de ser de menos de 10 kilos en 2010 a unas 135 toneladas en 2019.

La mayoría de las instalaciones de producción a gran escala está dirigida por grupos criminales, con diferentes tipos de mercado, influenciado por las nuevas tecnologías de la comunicación, la producción y las tendencias mundiales de la demanda y la oferta.

Los mercados de drogas están evolucionando de manera muy rápida, por lo que es necesario tomar medidas concretas como respuesta, ya que fundamentalmente el éxito de la lucha contra ellos en el presente y futuro, depende de asegurar que las políticas se basen en un análisis profundo, donde el cumplimiento de la ley se haga con inteligencia, y todos los esfuerzos de las instituciones del mundo estén unidos y coordinados.

En Afganistán, por ejemplo, se volvieron a registrar niveles elevados de producción de opio. Está por delante de Birmania. La producción global de opio en 2019 bajó respecto al máximo histórico del año anterior, pero sigue siendo la segunda cifra más alta de la última década, con 7.790 toneladas.

Hoy la mayor parte de esa cifra procede de Afganistán, con 6.400 toneladas. La producción de México, país del que no se tienen datos desde 2018, ya superó a Myanmar (Birmania) en 2019 con 586 toneladas frente a las 550 del país asiático. Los cultivos de adormidera en México han subido anualmente en la última década desde las 6.900 hectáreas de 2007 a las 32.600 de 2019.

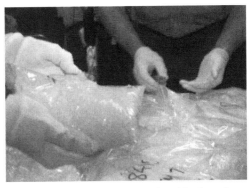

Afganistán y su mayor producción de opio

En relación a las incautaciones de metanfetaminas, Tailandia superó a China durante el año 2018 con unos 515 millones de comprimidos, de los 745 decomisados en Asia Oriental y Sudoriental, demostrando que la fabricación y tráfico de metanfetaminas se ha desplazado desde China a otros países de la subregión.

Aunque la producción mundial de opiáceos sigue siendo elevada, el consumo de esas sustancias en América del Norte y Europa parece mantenerse estable o irse reduciendo. Sin embargo, en torno a África y Asia, regiones a las que corresponde conjuntamente alrededor del 70% de los consumidores mundiales de opiáceos, no se dispone de datos claros, por lo que es posible que el consumo siga aumentado sin detectarse.

Según las Naciones Unidas, los precios elevados hacen que la producción de opio resulte atractiva para los agricultores de Asia Sudoriental. Entre 2010 y 2018, el cultivo de adormidera en Asia Sudoriental experimentó un marcado aumento del 18%, pasando de unas 41.000 hectáreas a cerca de 68.000 hectáreas. Aquí la mano de obra es barata y representa grandes sumas de dinero a la delincuencia.

Hablando de cocaína

Los principales mercados de la cocaína siguen siendo América del Norte, Europa y Australia. Sin embargo, el consumo de esa droga ha aumentado en Australia y América del Sur. Además, ha venido extendiéndose a zonas de África y Asia, aunque se considera que el número de consumidores asiáticos es reducido, pero en África cada día aumenta más.

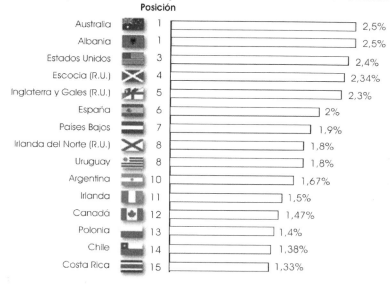

Principales consumidores de cocaína
Porcentaje de adultos que han consumido en el último año

	Posición	
Australia	1	2,5%
Albania	1	2,5%
Estados Unidos	3	2,4%
Escocia (R.U.)	4	2,34%
Inglaterra y Gales (R.U.)	5	2,3%
España	6	2%
Países Bajos	7	1,9%
Irlanda del Norte (R.U.)	8	1,8%
Uruguay	8	1,8%
Argentina	10	1,67%
Irlanda	11	1,5%
Canadá	12	1,47%
Polonia	13	1,4%
Chile	14	1,38%
Costa Rica	15	1,33%

UNODC: 2019

La producción mundial de cocaína se situó en 2018 en un récord histórico con 1.990 toneladas, un 25 por ciento más que el año anterior. El 70 por ciento de esta producción con una pureza del cien por cien procede de Colombia. También la cantidad de cocaína incautada por las fuerzas de seguridad es la mayor de la historia con 1.500 toneladas, un aumento del 13% respeto al año 2017.

Producción mundial de opio y fabricación de cocaína[a], 1998-2018

Fuentes: UNODC, estudios sobre la coca y la adormidera en varios países; respuestas al cuestionario para los informes anuales; y Estados Unidos de América, Departamento de Estado, *International Narcotics Control Strategy Report*, varios años.
[a]Corresponde a un nivel hipotético de fabricación de cocaína de una pureza del 100%; el nivel de fabricación de cocaína efectivo, no ajustado en función de la pureza, es considerablemente más alto.

El consumo y las incautaciones mundiales de estimulantes de tipo anfetamínico, el segundo tipo de drogas más consumido en el mundo, se mantuvieron en gran medida estables, aún cuando en Europa se duplicaron con creces las incautaciones de comprimidos de éxtasis lo que indica que se ha fortalecido el mercado en ese continente.

En muchos países es mayor el consumo con fines no médicos de medicamentos de venta con receta, que el de sustancias sujetas a fiscalización distintas del cannabis. Aunque el consumo de drogas ilícitas es en general mucho más frecuente entre los hombres que entre las mujeres, el uso de tranquilizantes y sedantes con fines no médicos es mayor entre las mujeres, como quedó demostrado en los casos en que se disponía de datos (América del Sur, América Central y Europa). Un aspecto inquietante es que el uso indebido de tranquilizantes y sedantes puede convertirse en un hábito crónico entre las mujeres.

Algunas sustancias psicoactivas nuevas que se modifican químicamente para burlar la fiscalización internacional, se están pasando directamente como "estimulantes legales" y sucedáneos de otros estimulantes ilícitos, como la cocaína o el éxtasis. Esas sustancias, que pueden mezclarse unas con otras para variar sus efectos, comprenden la mefedrona y la MDPV, que se venden como "sales de baño" o "fertilizante para plantas" y la piperazina. Otros preparados son el "spice", con efectos similares a los del cannabis, y la planta alucinógena salvia divinorum.

Al parecer, debido a la demanda que está adquiriendo últimamente la heroína, en algunos países han ido apareciendo sucedáneos brutos y muy peligrosos a base de codeína, como la desomorfina, también llamada "krokodil". En la forma inyectable, esa sustancia plantea graves riesgos para la salud, produciendo hasta la muerte de la persona.

Las nuevas drogas que salen al mercado son cada vez más peligrosas. Y no es algo que sólo adviertan las autoridades sanitarias. Las consecuencias de consumir estas sustancias son cada vez más visibles incluso en redes sociales. La droga de la que todo el mundo habla en el mundo anglosajón no es otra que la Krokodil, un estupefaciente que *te come por dentro*.

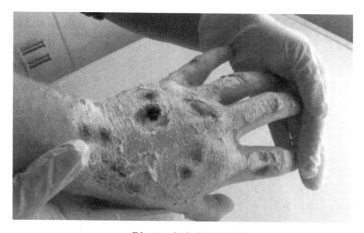

Efectos de la Krokodil

Esta sustancia que se consume es, según los facultativos que la han estudiado, diez veces más fuerte que la heroína. Y de hecho, lleva ese nombre "krokodil" (parecido a cocodrilo en inglés) debido a que el cuerpo del que sufre sus efectos parece la piel de un cocodrilo.

Por tal razón es importante conocer bien esta problemática, para así enfrentarla con mayor convicción, debido a que el consumo de drogas se ha incrementado en los últimos años en los jóvenes, por lo que se determina que existen muchas facilidades para conseguirlas en cualquier lugar, especialmente en los centros comerciales y escuelas, así como vía Internet, donde los estudiantes reciben con frecuencia ofertas, ya sea para probarlas o comprarlas y hasta para convertirse en vendedores.

Pero uno de los peores descaros del tráfico de drogas es una página web llamada "Ruta de Seda" (Silk Road) que fue lanzada para personas de todo el mundo que quieran comprar y/o vender diversas drogas controladas en forma anónima.

Sitio web "La Ruta de la Seda"

No es el único sitio para este propósito, pero es lamentablemente el más célebre, al extremo que el senador de Estados Unidos, Chuck Schumer, se refirió a ese portal como *"una ventanilla única certificable para las drogas ilegales que representa el intento más violatorio de las leyes para vender medicamentos en línea que hayamos visto jamás, y hasta el momento ha logrado eludir los intentos legales para cerrarlo. Como tal, es uno de los desarrollos tecnológicos que plantean grandes desafíos a la eficacia de los esfuerzos tradicionales de aplicación de la ley para frenar el suministro de drogas".*

Investigaciones independientes demuestran que aproximadamente 3,2 millones de dólares se gastan en la "Ruta de Seda" cada mes, y desde entonces el sitio ha crecido más en escala, en comparación con el de eBay. Su reputación se verifica, tanto de compradores como de vendedores, a través de la retroalimentación de transacciones y los pagos se realizan normalmente en un fideicomiso hasta que se complete la transacción.

La "Ruta de Seda" se ha descrito como *"un sitio para los conocedores: una manera fácil de ubicar una mejor calidad, no es barato entre las drogas y es una forma para que los consumidores eviten las pandillas y evadan las intervenciones policiales, ya que opera con el software de Tor, una red de túneles virtuales"*, que garantiza el anonimato de los usuarios de Internet y a través de transacciones que se realizan con la divisa en línea "Bitcoin".

Como lo he declarado siempre las monedas virtuales pueden ser un instrumento adecuado para que la delincuencia organizada encubra su identidad, a través de la electrónica forma de hacer negocio.

Es una moneda virtual que representa una alternativa al sistema monetario actual, con un alcance universal, sin control centralizado y que usa un software libre que se puede descargar en Internet y que permite poseer y transferir dinero de forma anónima, bajo un pseudónimo. El dinero puede ser guardado en cualquier ordenador o en los equipos de un tercero que ofrezca el servicio de almacenar ese archivo.

Igualmente considero que la condición del anonimato de quienes intervienen en la transacción o negocio de esta modalidad, se convierte en la principal violación de las primeras y grandes reglas de la prevención del lavado de dinero, como son, sin lugar a dudas, la política de "Conozca a su Cliente", "Conozca a su Empleado" y "Conozca a su proveedor".

Cabe indicar que las monedas virtuales, por sus características de no tener control de nadie, posee un código abierto, de sólo confiar en la contrapartida, con extremada privacidad, no poder ser falsificado, entre otras condiciones, es por lo que el Departamento del Tesoro de Estados Unidos de América exigió en el año 2013, el cumplimiento estricto de las normas de comercio electrónico del Bitcoin.

Es de aclarar que ambos procesos son mecanismos legítimos en línea: El Tor ha sido una herramienta activista fundamental contra la censura del gobierno en lugares como China, Irán y Siria.

Capítulo II

NUEVAS SUSTANCIAS PSICOACTIVAS

O DROGAS SINTÉTICAS

Cuando la CONVENCIÓN ÚNICA de 1961 Sobre Estupefacientes de las Naciones Unidas y el entonces Presidente Richard Nixon declararon la guerra a las drogas por parte del gobierno norteamericano, los políticos creían que las acciones severas para el cumplimiento de la ley contra los que estaban involucrados en la producción de drogas, su distribución y su uso, conducirían a una constante disminución del mercado de drogas controladas como la heroína, la cocaína, el cannabis, y al eventual logro de un 'mundo sin drogas'.

Pero la verdad es que todo ha resultado una dura lucha contra las drogas, es un gran esfuerzo para quienes participan contra esta problemática mundial, ya que en la práctica, la escala global de los mercados de drogas ilegales, ampliamente controlados por la delincuencia organizada, ha crecido de modo espectacular.

Mientras no estén disponibles las estimaciones exactas del consumo global hasta los últimos años, los estudios y análisis de la problemática de las drogas mostrarán un extenso y creciente mercado, que nos conduce a pensar que evidentemente las actuales políticas no están alcanzando los objetivos deseados y por el contrario, muestran que aún persiste la falta de efectivas y concretas políticas que conduzcan realmente a poner un freno a este terrible problema que está permitiendo a la delincuencia organizada cubrir más terreno en su afán de apoderarse de las naciones del mundo.

Por ejemplo, EE.UU. emprendió una fuerte campaña para combatirlas y gastó miles de millones de dólares para encarcelar a los usuarios de drogas. Después de más de 15 años, en el 2016 es evidente cómo las autoridades de los Estados Unidos continúan luchando contra esta problemática mundial.

En el año 2018, casi 71.000 personas murieron por sobredosis de opioides en ese país, una cifra similar al número de bajas sufridas en conjunto en las guerras de Vietnam, Afganistán e Irak.

Christopher J. Coyne y Abigail R. Hall en su análisis de políticas públicas "*Cuatro décadas y contando: el continuo fracaso de la guerra contra las drogas*". (CATO Institute, 12/04/2017), indican que la guerra contra las drogas comenzó en el gobierno de Nixon (con su mensaje a la nación el 17 de junio de 1971), con el propósito de prohibir las drogas para reducir los delitos relacionados con ellas, disminuir las enfermedades y las sobredosis y como método eficaz para desbaratar y desmantelar a la delincuencia organizada. Han pasado más de cuatro décadas y el problema en vez de disminuir se ha incrementado exponencialmente.

En 1980, por ejemplo, 580.900 personas fueron arrestadas por cargos relacionados con drogas en EE.UU. Para 2014, ese número había aumentado a 1.561.231. Más de 700.000 de estos arrestos en 2014 estaban relacionados con la marihuana.

Por otra parte, se puede afirmar que casi la mitad de las 186.000 personas que cumplen condena en prisiones federales en EE.UU. están encarceladas por cargos relacionados con drogas.

El costo monetario de la política de drogas interna de EE.UU. es igualmente notable. Desde que comenzó la guerra contra las drogas hace más de 40 años, el gobierno de EE.UU. ha gastado más de un billón de dólares en políticas de interdicción. El gasto en esa guerra sigue costando a los contribuyentes estadounidenses más de 51.000 millones de dólares anuales.

Ellos concluyen que la prohibición de la droga debe continuar con sus objetivos planteados tanto a nivel nacional como a nivel internacional.

En el ámbito de los países exportadores, como lo que ha sucedido en Latinoamérica, los cárteles de las drogas prácticamente han destruido países, pues los niveles de violencia y la profunda corrupción generada por el narcotráfico, han llevado a varias naciones de Centro y Norte América al nivel de "países no viables", destrozando sus estructuras democráticas, legales y hasta sociales.

Los problemas asociados a la producción, tráfico y consumo de drogas en América Latina afectan la calidad de vida de la población, están ligados a formas de exclusión social y debilidad institucional, generan mayor inseguridad y violencia, y corroen la gobernabilidad en algunos países.

No es de extrañar, pues, que en el contexto político internacional el tema de las drogas ha ido adquiriendo peso y presencia progresiva, y los acuerdos intergubernamentales en esta materia se extienden cada vez más, sin resultados, hasta ahora, que demuestren estar controlando esta problemática.

En relación a la producción, América Latina concentra la totalidad global de hoja de coca, pasta base de cocaína y clorhidrato de cocaína del mundo. Posee, además una producción de marihuana que se extiende hacia distintos países y zonas, destinada tanto al consumo interno como a la exportación. Y, crecientemente, produce amapola y elabora opio y la heroína.

La zona del Caribe sigue siendo la ruta más frecuente para el tráfico de drogas hacia los Estados Unidos, pero la ruta del Pacífico, pasando por América Central, ha ganado importancia relativa. Recientemente ha cobrado importancia el transporte fluvial desde los países productores de coca-cocaína a través de Brasil.

La marihuana, seguida de la pasta base de cocaína, el crack y el clorhidrato de cocaína son las drogas ilícitas de mayor consumo en la región, generando mayores problemas en jóvenes de alta vulnerabilidad social.

Según los datos que proveen los centros de tratamiento, el alcohol y el tabaco, seguidos por la marihuana, son las drogas de inicio más frecuentes de los pacientes atendidos en centros de tratamiento; pero las drogas ilícitas de mayor impacto en la salud son la cocaína, la pasta base y el crack.

En Bolivia por ejemplo, la lucha ha fracasado y peor aún se debilitó más, con el gobierno de Evo Morales, quién a través de la Ley General de la Coca, promulgada en 2017, amplió la superficie de cultivos de coca hasta 22 mil hectáreas, respecto de las 12.000 hectáreas que estaban autorizadas por la Ley 1008.

Un reciente análisis realizado por investigadores del tema establece que la producción de coca de los países andinos (Bolivia, Perú y Colombia) aumentó a partir de 2012 (+100 mil ha) a +200 mil ha para 2017. Y que en Bolivia, unas 21.773 Tm de hoja de coca van a parar al narcotráfico, para producir unas 145 Tm de pasta base de cocaína, con un valor de $166.75 MM (tomando la media de $us1.150/kg, actualmente el precio varía entre $us 800 y $us1.500 por kilo), originando además un gran daño ambiental utilizado para producir esa cantidad calculada en más de 222 mil litros de ácido sulfúrico, más 14.8 millones de litros de gasolina y más de 74 mil de amoniaco, un completo desastre para la región.

Aunque en la escena de las drogas han aparecido sustancias perjudiciales con una regularidad constante, el sistema de fiscalización internacional de drogas está fallando por primera vez ante la rapidez y creatividad del fenómeno de las Nuevas Sustancias Psicoactivas.

El avance del mercado y gran negocio de las NSP ha venido aumentando desde el año 2009, pasando a 15 en 2015 y a 46 en 2017, mientras que el número total de Nuevas Sustancias Psicoactivas presentes en el mercado se estabilizó en torno a 500 sustancias por año en el período 2015–2017, siendo los opioides sintéticos el segundo grupo más importante después de los estimulantes. El 29 % de las NSP que se identificaron por primera vez en 2017 pertenecía a ese grupo de nuevas sustancias psicotrópicas.

Sabemos que las NSP son sustancias de uso indebido, ya sean puras o en preparados, que no están fiscalizadas por los tratados internacionales sobre drogas, pero que pueden plantear una amenaza a la salud pública. En este contexto, el término "nuevas" no se refiere forzosamente a nuevas invenciones, sino a sustancias que han empezado a circular recientemente en mercados concretos.

En general, NSP es un término genérico que incluye sustancias o productos psicoactivos no reglamentados (nuevos) que tratan de imitar los efectos de drogas sujetas a fiscalización.

Se ha observado que, cuando una NSP se somete a fiscalización o se incluye en las listas, su consumo disminuye poco después, lo que tiene efectos positivos en las consecuencias para la salud y las muertes relacionadas con la sustancia, aunque el "efecto de sustitución" ha inhibido la investigación a fondo de las repercusiones a largo plazo de la inclusión de NSP en listas.

Marco Internacional para el Control de Drogas

Es un conjunto de convenciones y organismos de las Naciones Unidas (ONU) que rigen el control de las sustancias psicoactivas a nivel mundial. Las convenciones han sido suscritas por todos los países miembros de la OEA e incluyen la Convención Única sobre Estupefacientes de 1961 y su correspondiente enmienda del Protocolo de 1972, la Convención de Sustancias Psicotrópicas de 1971 y la Convención contra el Tráfico Ilícito de Estupefacientes y Sustancias Psicotrópicas de 1988.

Los organismos incluyen la Comisión de Estupefacientes (CND, por sus siglas en inglés), que es el organismo de la ONU que elabora las políticas sobre drogas; la Junta Internacional de Fiscalización de Estupefacientes (JIFE), que monitorea la implementación de las Convenciones de 1961 y 1971 y del régimen de control internacional de precursores establecido en la Convención de 1988; la Organización Mundial de la Salud (OMS), que tiene el mandato de hacer recomendaciones sobre la clasificación de la sustancias; y la Oficina de Naciones Unidas contra la Droga y el Delito (UNODC, por sus siglas en inglés), que es la agencia encargada de implementar los programas de Naciones Unidas.

Sobre el titánico esfuerzo que realizan estas organizaciones internacionales, existen otras instituciones que no hay que dejar de reconocerles el enorme trabajo que realizan, como son: ONUSIDA, PNUD, UNICEF, Banco Mundial, Banco Interamericano de Desarrollo, Departamento de Estado de Estados Unidos de América, y ONG´s, entre otras, que trabajan enérgicamente durante años en el propósito de asegurar que todos los países adopten el mismo enfoque rígido en la política anti-drogas.

Podemos decir que los fabricantes que pertenecen a la delincuencia organizada producen nuevas y variantes de combinaciones para eludir los nuevos marcos legales que se elaboran constantemente para fiscalizar las sustancias conocidas, entre las que figuran sustancias psicoactivas sintéticas y de origen vegetal, que se han propagado rápidamente en mercados muy dispersos.

Desde el año 2008 se ha registrado la aparición de nuevas sustancias sintéticas, aunque disminuyó el número de países que comunicaron

Pastillas del mal

fenetilaminas, ketamina y

piperazinas, y hoy existe una enorme variedad de drogas sintéticas, que varían de nombres y efectos, según la ocasión para la cual son consumidas.

Realmente lo que hace que las NSP resulten especialmente peligrosas y problemáticas, es la percepción general que las rodea. Se han comercializado a menudo como "colocones legales", o "legal highs", que viene a ser sustancias que imitan a las drogas ilegales más populares, pero cuya composición molecular ha sido alterada para no dejar rastro en el organismo humano y permanecer en un limbo legal dando a entender que su consumo y utilización son inocuos, aunque la realidad puede ser muy diferente.

Con o sin fiscalización

Las nuevas sustancias detectadas incluyen también cinco sustancias fenetilaminas y un gran número de diversos compuestos que pertenecen a una creciente gama de familias químicas que son relativamente nuevas, como el aminoalkyl benzofurans, un derivado de la metanfetamina, además del aminoindano y la piperidina sustituida. También han aparecido nuevas sustancias que son medicinas, metabolitos y precursores de medicamentos que pueden considerarse "medicamentos de diseño".

Ninguna de las nuevas sustancias se detectó en España, sino en Reino Unido, Alemania y Finlandia, así como en Dinamarca, Bélgica, Polonia, Letonia, Países Bajos, Hungría, Austria, Bulgaria, Suecia y Francia.

Muchas veces, por no estar informados o no saber pedir ayuda de la manera correcta, las personas quieren olvidarse de sus conflictos de la peor manera que es consumiendo drogas, lo que en un futuro se le convertirá en algo más grave, como el problema social, económico, familiar o personal que les acarrean. Cuando se adquiere el afecto de estas drogas se entra en depresión, en un estado de violencia, de exaltación, e incluso pueden llevar a la muerte o al asesinato. Al pasar el efecto, el organismo le pide al adicto consumir más y en mayor cantidad, con lo cual ese organismo se va afectando, deteriorando y destruyendo.

Los efectos que producen los distintos tipos que drogas pueden ser: muerte de neuronas, mal formaciones en los descendientes ya que altera los cromosomas, atrofia de la capacidad intelectual y sexual, paranoia, diversos daños físicos, delirios, alucinaciones, ausencia del apetito, alto riesgo a contraer sida, pérdida de memoria a corto plazo y una larga lista de etcéteras.

Un adicto para conseguir droga puede llegar a vender todas sus pertenencias y las de su familia, robar, secuestrar, cometer asesinatos, cumplir cualquier mandato sólo por conseguir una dosis.

Después de consumir esta clase de drogas, se suele tener una sensación de angustia. Y es que, los vasos sanguíneos y los músculos de la mandíbula se contraen y cambia el ritmo cardíaco. Así mismo, la piel se humedece y se seca la boca. Tras esto, se produce una sensación de euforia, bienestar y placer. A medida que pasa el tiempo, en cambio, estas sensaciones desaparecen y puede producirse un estado depresivo o de angustia.

Entre las consecuencias de esta droga, se puede mencionar, por ejemplo, que produce deshidratación. Este estado aumenta si el local no está bien ventilado y si se realiza alguna actividad física. Produce debilidad y cambios en el estado de ánimo. Puede producir enfermedades psíquicas graves y duraderas y si se mezcla con otras sustancias sus consecuencias pueden ser mucho más graves, especialmente para aquellas personas que tienen problemas cardíacos, asma, epilepsia, problemas renales, diabetes, astenia y problemas psicológicos.

Lo más importante es saber que la droga realmente hace daño al organismo, y para evitarlas hay soluciones, ya sea acercándose a un centro de rehabilitación o pidiendo ayuda a algún familiar o amigo, a un profesional del tema. Siempre va a haber alguien o algún lugar para pedir ayuda... *sólo es necesario tener la voluntad de hacerlo...*

Propagación de Nuevas Sustancias Psicoactivas

Con su sistema de alerta temprana, del que forman parte los 47 países miembros de la Unión Europea y Croacia, Noruega y Turquía, Europa cuenta con el sistema regional más avanzado para hacer frente a las NSP emergentes.

A través de ese sistema se efectuó la notificación oficial de 236 sustancias nuevas durante el período 2005-2018, lo que equivale a más del 90% del total de las sustancias descubiertas en el mundo y comunicadas a la UNODC.

Las NSP ya constituyen, al parecer, un segmento importante del mercado. Casi el 5% de la población de 15 a 24 años de edad ya han experimentado con ellas en la Unión Europea, lo que equivale a una quinta parte de los que han probado el cannabis y cerca de la mitad de los que han consumido drogas distintas.

Aunque es evidente que el consumo de cannabis ha disminuido entre los adolescentes y los jóvenes en Europa durante los diez últimos años, y el consumo de otras drogas ha permanecido en gran medida estable, las NSP han aumentado.

En Europa, los datos del Eurobarómetro correspondientes a 2019 indican que casi las tres cuartas partes del total de consumidores de NSP corresponden a cinco países: el Reino Unido (23% del total de la Unión Europea), seguido de Polonia (17%), Francia (14%), Alemania (12%) y España (8%). El Reino Unido es también el país que descubrió la mayor cantidad de NSP en la Unión Europea (el 30% del total durante el período 2005-2015).

Estados Unidos, por su parte, descubrió el mayor número de NSP de todo el mundo: en el conjunto de 2016 se identificaron en total 188 NSP, mucho más que en la Unión Europea (73).

Las sustancias comunicadas con más frecuencia fueron los cannabinoides sintéticos y las catinonas sintéticas. Ambas sustancias tienen graves efectos negativos en la salud. Si se excluye el cannabis, el consumo de NSP entre los estudiantes está más extendido que el de cualquier otra droga, lo que se debe principalmente a los cannabinoides sintéticos que contienen las drogas "spice" o mezclas vegetales similares. Al parecer, la incidencia del consumo de NSP entre la juventud de los Estados Unidos es dos veces superior a la de la Unión Europea.

Por otro lado, en Canadá las autoridades hablan de más de 79 Nuevas Sustancias Psicoactivas en los dos primeros trimestres de 2018, es decir, casi tantas como en los Estados Unidos. La mayoría de las sustancias eran catinonas sintéticas, cannabinoides sintéticos y fenetilaminas. En una encuesta escolar nacional se comunicó un consumo extendido de Salvia divinorum (prevalencia del 5,8% a lo largo de la vida), estramonio o Datura (2,6%), una planta alucinógena, y ketamina (1,6%) entre los estudiantes del décimo año de enseñanza obligatoria.

La mayoría de las sustancias comunicadas fueron la ketamina y las de origen vegetal, sobre todo la Salvia divinorum, seguidas de las piperazinas, las catinonas sintéticas, las fenetilaminas y, en menor medida, los cannabinoides sintéticos.

El Brasil está la mefedrona y DMMA en el mercado, mientras que en Chile se encuentra la Salvia divinorum y triptamina. Costa Rica comunicó sobre la piperazinas, BZP y TFMPP.

Durante muchos años, Nueva Zelandia ha desempeñado un papel destacado en el mercado de piperazinas, especialmente BZP. También se constata la presencia de un gran número de NSP en Australia, de forma similar a la situación en Europa y América del Norte.

En total se descubrieron más de 74 NSP en los dos primeros trimestres de 2017 en la región de Oceanía, lo que equivale a la cuarta parte del total de sustancias de ese tipo identificadas en el mundo. Australia descubrió más de 65 NSP durante los dos primeros trimestres de 2018, principalmente catinonas sintéticas y fenetilaminas.

Indonesia notificó a la UNODC de la aparición de BZP. Singapur registró una serie de cannabinoides sintéticos (incluido el JWH-018) y catinonas sintéticas (3-fluorometcatinona y 4-metiletcatinona). En Omán se mencionó la aparición de cannabinoides sintéticos (JWH-018) y Japón de fenetilaminas, catinonas sintéticas, piperazinas, ketamina, cannabinoides sintéticos y sustancias de origen vegetal.

Las dos principales NSP que aparecieron en Asia por lo que se refiere al consumo son la ketamina y el kratom, que afectan principalmente a los países de Asia Oriental y Sudoriental. Durante varios años se han vendido comprimidos de ketamina como sustancia sustitutiva del "éxtasis" (y en ocasiones incluso como "éxtasis" propiamente dicho). Además, en Asia occidental está presente el consumo tradicional en gran escala de khat, especialmente en Yemen.

En total, 7 países de África (Angola, Cabo Verde, Egipto, Ghana, Sudáfrica, el Togo y Zimbabwe) comunicaron la aparición de Nuevas Sustancias Psicoactivas. Egipto informó no sólo de la aparición de sustancias de origen vegetal (Salvia divinorum), sino también de cannabinoides sintéticos, ketamina, piperazinas (BZP) y otras sustancias (2-difenilmetilpiperidina (2-DPMP) y 4-bencilpiperidina).

Ahora bien, existen algunas sustancias de consumo tradicional (como el khat y la ibogaína) que corresponden a la categoría de NSP y que, por lo que se refiere a su propagación, pueden causar problemas de salud y otras consecuencias sociales graves.

En la medida que los gobiernos se den cuenta de la complejidad de los problemas, y de las opciones de respuestas políticas en sus propios territorios, en esa misma medida cooperarán más, no sólo en las Convenciones Mundiales contra las Drogas, sino en el apoyo de los nuevos programas y estrategias para la prevención y control de tan terrible mal, donde el punto principal del tema es reconocer y aceptar que el flagelo mundial de las drogas involucra un conjunto de desafíos políticos, sanitarios, económicos y sociales interrelacionados, que deben ser enfrentados en una guerra a ser ganada y donde el principal enemigo a vencer son las drogas ilegales.

Aun cuando los tratados de fiscalización internacional de drogas ofrecen la posibilidad de incluir nuevas sustancias en las listas, esa tarea es sumamente difícil por la mera rapidez de la aparición de NSP. Se necesita conocer y compartir los métodos y las experiencias obtenidas en las respuestas regionales a la situación relacionada con ellas antes de estudiar el establecimiento de una respuesta mundial al problema.

No cabe duda que la respuesta de las Naciones Unidas ha consistido en una labor titánica: en primer lugar, por elaborar un enfoque integrado; y en segundo lugar, por lograr centrar la atención en la prevención, el tratamiento, el desarrollo alternativo y la promoción de los derechos humanos fundamentales.

En uno de sus tantos informes, las Naciones Unidas estiman que el volumen de consumo mundial de drogas ilícitas se mantuvo estable durante cinco años hasta finales de 2016, entre el 3,9% y el 7,9% de la población adulta (personas de 15 a 64 años). Ya para el año 2020, la producción y consumo de estas diabólicas sustancias psicotrópicas van en aumento acelerado, especialmente por lo que representa el gran negocio de las drogas.

Agujas mortales

Varias drogas de abuso se utilizan en forma inyectable para lograr un efecto más rápido y potente. En general se inyectan por vía intravenosa, pero también en forma subcutánea, intramuscular o incluso sublingual. Los usuarios normalmente acceden a las venas periféricas, pero cuando éstas se esclerosan por el uso por períodos prolongados, algunos aprenden inyectarse en venas centrales grandes (p. ej., yugular interna, femoral o axilar).

Las personas que se inyectan drogas tienen no sólo el riesgo de los efectos farmacodinámicos adversos de las drogas, sino también de las complicaciones relacionadas con los contaminantes, los adulterantes y los agentes infecciosos que pueden ser inyectados con la droga.

Adulterantes

Algunos usuarios de drogas trituran comprimidos de medicamentos recetados, los disuelven y se inyectan la solución por vía intravenosa; por esto, con la inyección reciben además una serie de agentes de relleno comúnmente presentes en los comprimidos, como celulosa, talco y maicena. Estos agentes de relleno pueden quedar atrapados en el lecho capilar pulmonar y causar inflamación crónica y granulomatosis por cuerpo extraño. También pueden dañar el endotelio de las válvulas cardíacas y aumentar por esto el riesgo de *endocarditis*.

Las "drogas de la calle", como la *heroína* y la *cocaína*, a menudo son "cortadas" con varios adulterantes (p. ej., *anfetaminas*, clenbuterol, dextrometorfano, fentanilo, *ketamina*, levamisol, lidocaína, *dietilamida del ácido lisérgico* [LSD], seudoefedrina, quinina, escopolamina, xilacina). Los adulterantes pueden añadirse para aumentar las propiedades que alteran la mente o para sustituir la droga pura; su presencia puede dificultar el diagnóstico y las decisiones terapéuticas.

Agentes infecciosos

Compartir agujas y el uso de técnicas no estériles puede llevar a muchas complicaciones infecciosas. Las complicaciones del sitio de inyección son abscesos cutáneos, celulitis, linfangitis, linfadenitis y tromboflebitis. Las complicaciones infecciosas focales distantes debidas a émbolos sépticos y bacteriemia incluyen endocarditis bacteriana y abscesos en distintos órganos y sitios. La embolia pulmonar séptica y la ostiomielitis (sobre todo de las vértebras lumbares) son las más frecuentes. Pueden aparecer espondilitis y sacroileítis infecciosas.

Las enfermedades infecciosas sistémicas más comunes son las hepatitis B y C y la infección por HIV. Los usuarios de drogas intravenosas, tienen alto riesgo de neumonía como resultado de la aspiración o la diseminación hematógena de las bacterias. Otras infecciones que no son causadas directamente por la inyección de drogas pero son comunes entre los usuarios de drogas intravenosas, incluyen la tuberculosis, la sífilis y otras enfermedades de transmisión sexual. Incluso el botulismo y el tétano pueden resultar consecuencias del abuso de drogas IV.

Por otra parte está el riesgo de otras personas ajenas al consumo, quienes pueden verse afectados por un pinchazo accidental de una jeringa infectada.

Aunque las lesiones con agujas son un riesgo ocupacional para las personas que recolectan la basura, o limpian cuartos o establecimientos, el riesgo de adquirir la infección del VIH por un pinchazo accidental en la comunidad es extremadamente bajo. El riesgo de contagiarse con hepatitis B y/o C es probablemente más alto. A pesar de este bajo riesgo absoluto, el simple volumen de jeringuillas usadas cada año y el alto nivel de preocupación pública significa que las comunidades deben atender el problema del desecho sanitario de jeringuillas usadas. Esto también es importante dado que el hecho de que las jeringuillas usadas pudieran ser tiradas en las calles y zonas residenciales es uno de los puntos principales de oposición de la comunidad a los programas que tratan de facilitar el acceso de los UDI a las jeringuillas estériles, como la venta en farmacias y los programas de intercambio de jeringuillas (SEP, por sus siglas en inglés).

Según la ONUDC, el consumo de drogas por inyección y el hecho de compartir las agujas y jeringas contaminadas son importantes modos de transmisión de virus por vía sanguínea, por ejemplo el VIH y la hepatitis B y C. Esto es, a su vez, un terrible problema sanitario por lo que respecta al peso de la enfermedad y la atención que debe prestarse a los infectados.

En el año 2017 aumentaron significativamente los casos de trastornos ocasionados por la hepatitis C y los trastornos debido al consumo de opioides, que ocasionaron muertes y discapacidades por las drogas, pudiéndose señalar que hubo más de 585.000 muertes.

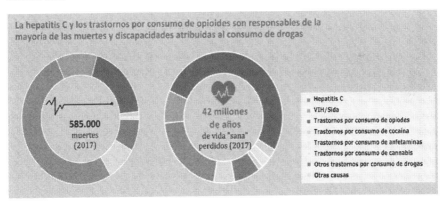

La hepatitis C y los trastornos por consumo de opioides son responsables de la mayoría de las muertes y discapacidades atribuidas al consumo de drogas

Según el Instituto Federal sobre la Drogadicción de los Estados Unidos, el Gobierno norteamericano invierte anualmente millones de dólares en la lucha contra el tráfico de drogas ilícitas y aún así, el número de personas que se drogan en la actualidad internamente, alcanzan los 25 millones de seres mayores de 12 años que abusan de los fármacos que alteran la percepción, el ánimo, el estado de conciencia y sobre todo el comportamiento. Esto equivale al 8,9 por ciento de la población mundial del consumo de drogas, y la droga que más se consume es la marihuana.

El riesgo de contraer o transmitir el VIH es muy alto si una persona VIH negativa usa los implementos de inyección que usó alguien que tiene el virus. La razón es que las agujas, jeringas u otros implementos de inyección podrían tener sangre, y la sangre puede transportar el VIH. El VIH puede sobrevivir en una jeringa usada por hasta 42 días según la temperatura y otros factores.

Las personas VIH negativas tienen una probabilidad entre 160 de contraer el virus cada vez que usan una aguja que usó otra persona que sí está contagiada.

El uso compartido de agujas es el comportamiento que conlleva el segundo mayor riesgo de contraer VIH, luego de las relaciones sexuales anales receptivas.

El mal uso de sustancias también puede aumentar el riesgo de contraer el VIH a través de las relaciones sexuales. Cuando las personas están bajo la influencia de sustancias, son mayores las probabilidades de que tengan comportamientos sexuales de riesgo, como relaciones sexuales anales o vaginales sin protección (por ejemplo, sin usar condones o sin tomar medicamentos para prevenir o tratar el VIH), relaciones sexuales con múltiples parejas o intercambio de sexo por dinero o drogas.

Estos datos que publicó dicho instituto, indicaron los países que ocuparon los primeros puestos de consumo de las drogas relacionadas con medicamentos psicoterapéuticos, como analgésicos, estimulantes y tranquilizantes.

El uso de narcóticos arrojó que 17 millones 400 mil personas consumen marihuana, 7 millones fármacos psicoterapéuticos, 1 millón y medio cocaína y dos millones son adictos a elementos hipnóticos o a la heroína, así como que 1 millón 200 mil consumieron alucinógenos, incluyendo éxtasis y LSD, determinándose con estas cifras, que desde el año 2010 hasta el 2019, hubo entre

6 y 10 millones de personas que consumieron cada día y por primera vez, drogas ilícitas y donde por lo menos la mitad eran menores de 18 años de edad.

Esto nos lleva a pensar que dichas cifras, realmente espantan, y más cuando se refieren a un país como los Estados Unidos de América donde incansablemente trabajan por combatir las drogas ilícitas. Se dice que la confiscación de metanfetaminas en Estados Unidos entre 2018 y 2019 fue de 18.16 y 18.27 toneladas respectivamente, pero en México se pasó de 30.37 toneladas en 2018 a 46.72 toneladas en 2019, según un informe de las Naciones Unidas.

Casos que llaman la atención

La delincuencia organizada genera múltiples amenazas a los Estados y la sociedad. Sin embargo, ha sido difícil reprimir a estos grupos a través de acercamientos de cero tolerancias a las drogas y la delincuencia. En cambio, se han producido casos de violaciones de derechos humanos, corrupción y abusos policiales, por lo que algunas autoridades han recurrido a estrategias más centradas en la disuasión de la comunidad y enfoques dirigidos selectivos, que buscan minimizar el comportamiento más pernicioso de los grupos delictivos (especialmente involucrados en la violencia) mientras se toleran comportamientos menos dañinos.

Casos emblemáticos de las bandas delictivas

Este enfoque permite a las abrumadas instituciones policiales superar los problemas de falta de recursos.

Caso de Boston, Massachusetts

El enfoque centrado en la disuasión y basado en la comunidad, se deriva principalmente de la lucha de Boston contra las pandillas violentas en la década de 1990, conocida como "Operación Alto el Fuego". Después de un incidente particularmente letal en 1992, una coalición de grupos de fe comenzó a organizar foros agrupando delincuentes involucrados en pandillas, policías, ministros de la iglesia y el personal de servicios sociales.

A los pandilleros delincuentes se les dio opciones de aceptar la educación y la formación o estar en la mira de la policía por sus actividades violentas. Esto fue acompañado por una focalización muy publicitada de los grupos criminales más violentos, lo que llevó a las bandas de Boston a abandonar sus altos niveles de violencia para así evitar ser blanco de las intervenciones policiales.

Con el tiempo, la violencia en las zonas donde operan las pandillas se redujo drásticamente. Una evaluación del proyecto en el 2001 encontró una disminución del 63% en la tasa mensual de homicidios entre los jóvenes.

Caso de High Point, North Carolina: Estados Unidos

Otro ejemplo es proporcionado por la ciudad de High Point en Carolina del Norte. Durante un largo período de tiempo, la policía recogió información de los distribuidores jóvenes en el mercado local de la droga responsable de la mayor parte de los daños y molestias asociadas, se comunicó con sus padres y otras personas que pudieran influir en ellos, y luego se acercó a los distribuidores con los datos que habían recopilado.

La policía hizo que los distribuidores fuesen conscientes de que serían arrestados si continuaban con sus actividades delictivas. La iniciativa dio lugar a un menor número de detenciones después de dos años y una disminución del 25% de los delitos violentos y contra la propiedad.

La Iniciativa del programa Mercado de Drogas High Point (DMI por sus siglas en inglés) depende de la construcción de recursos de la comunidad y de los fuertes lazos públicos como un factor clave para ayudar a los individuos a desvincularse de la conducta criminal.

La ayuda ofrecida por las familias y la comunidad incluye capacitación laboral, empleo, crianza de los hijos, guarderías, tratamiento de abuso de sustancias, vivienda, transporte y asistencia a la familia. DMI se ha expandido a más de una docena de ciudades de los Estados Unidos. *"DMI implica pocas detenciones, algunas prácticas tradicionales y da lugar a una completa transformación de las zonas seleccionadas".*

Caso de Santa Tecla, El Salvador

Santa Tecla, en El Salvador, ha adoptado un enfoque similar para reducir los altos niveles de violencia que habían sido asociados con los mercados de drogas, la delincuencia organizada y las actividades de las pandillas.

La municipalidad se comprometió con planes a largo plazo que darán prioridad al desarrollo social, la educación, el desarrollo de infraestructura, la capacidad de construcción de la comunidad y la coordinación entre los organismos gubernamentales locales. Se implementó un modelo de políticas comunitarias que se centró en la prevención de la violencia, con la participación de actores a nivel local, estatal, y nacional, así como de los ciudadanos locales, para proporcionar una respuesta de orientación social a los delitos violentos de drogas.

El enfoque ha sido muy popular entre los ciudadanos y ha logrado resultados positivos. Desde el inicio del programa, Santa Tecla ha experimentado una reducción significativa en sus índices de homicidios.

Caso La Familia, México

Después de que se eliminó el cártel La Familia, el más poderoso en tráfico de metanfetamina, fue suplantado por el cártel de Sinaloa, de Joaquín El Chapo Guzmán, que comercia toneladas de drogas y de precursores químicos que son procesados en operaciones de escala industrial, convirtiendo a México en la principal fuente de tráfico de la metanfetamina que se consume en Estados Unidos.

En esa oportunidad las autoridades mexicanas realizaron dos importantes operaciones contra el tráfico de sustancias sintéticas, uno en el estado central de Querétaro, donde confiscaron casi 1.500 toneladas de químicos precursores. Y la otra decomisó más de 3.4 toneladas de metanfetamina pura, valuada en unos 1.000 millones de dólares, procesada en un laboratorio industrial subterráneo de 100 metros de longitud y construido cuatro metros bajo tierra, en una finca del estado noroccidental de Sinaloa.

Según el ex recluso Steve Preisler, un químico industrial que escribió el libro "Secretos de la producción de metanfetaminas" en el año de 2012, *se trata de una enorme cantidad de materiales para la producción, que les permite dominar el mercado de la metanfetamina no sólo en Norteamérica, sino en el resto de América Central*".

Este señor, que fue considerado por mucho tiempo como el padre de la producción moderna de metanfetaminas y estuvo preso tres años y medio durante los años 90, dijo que dichos métodos de producción eran más eficientes por lo que generarían más de la mitad del peso de los precursores, produciendo entre 200 y 250 toneladas de metanfetamina a un valor de miles de millones de dólares.

Es uno de los grandes negocios de la delincuencia organizada en México, a pesar de que en ese país se prohibió en el 2007, el principal componente de la metanfetamina, que es la pseudoefedrina.

Estrategias de Control de Narcóticos (INCSR)

Resulta ejemplarizante el esfuerzo que constantemente realiza el Departamento de Estado de EE.UU. en las investigaciones que realiza para enfrentar la terrible problemática del tráfico y consumo de drogas ilícitas en el mundo.

Para referirnos a ellas cabe mencionar el último informe que elaboraron durante los primeros días del mes de marzo del año 2013, "Estrategias de Control de Narcóticos (INCSR)", preparado de conformidad con la sección 489 de la Ley de Ayuda al Exterior de 1961.

El informe se refiere en cada uno de sus volúmenes, al lavado de dinero y los delitos financieros, a la Ley de Comercio de Fiscalización de Estupefacientes de 1974, enmendada, y a los temas, en general contra las drogas ilícitas.

Expresa que el Congreso de los Estados Unidos de América, ha realizado "esfuerzos considerables" para cumplir con las condiciones de lucha contra el narcotráfico, tomando en cuenta estrictamente las leyes de los Estados Unidos y las metas y objetivos trazados en la Convención de las Naciones Unidas contra el Tráfico Ilícito de Estupefacientes y Sustancias Psicotrópicas de 1988.

En general el Departamento de Estado exige a las autoridades competentes tomar medidas legales para prohibir y castigar todas las formas de producción de drogas ilícitas, el tráfico y el lavado de dinero procedente del narcotráfico, para controlar los productos químicos que pueden ser utilizados para procesar drogas ilícitas, y para cooperar en los esfuerzos internacionales contra estos fines.

La ley enumera las acciones de los países extranjeros frente a tan relevantes temas, que contribuyen a la evaluación y desempeño de cada uno de ellos, en el marco de la Convención de las Naciones Unidas contra el Tráfico Ilícito de Estupefacientes y Sustancias

Psicotrópicas 1988, como son entre otros: cultivo, producción, distribución, venta, transporte, financiación, lavado de dinero, decomiso de activos, extradición, asistencia judicial recíproca, Ley de cooperación policial y de tránsito, control de precursores químicos y la reducción de la demanda.

De esta manera el Departamento de Estado señala cómo países de tránsito y mayores productores de drogas ilícitas a Afganistán, Bahamas, Belice, Bolivia, Birmania, Colombia, Costa Rica, República Dominicana, Ecuador, El Salvador, Guatemala, Haití, Honduras, India, Jamaica, Laos, México, Nicaragua, Pakistán, Panamá, Perú y Venezuela.

Como países mayores precursores de químicos utilizados en la producción de drogas ilegales están Afganistán, Argentina, Bangladesh, Bélgica, Bolivia, Brasil, Birmania, Canadá, Chile, China, Colombia, Egipto, Alemania, India, Indonesia, Iraq, México, Países Bajos, Singapur, Sudáfrica, Corea del Sur, Suiza, Taiwán, Tailandia, y el Reino Unido.

Afganistán aparece en todas las listas de los informes que se elaboran sobre el tráfico y consumo de drogas ilícitas, como el país que produce el 90 por ciento del opio que se utiliza en el mundo y donde, pese a un aumento de la producción, sus precios en granja siguieron subiendo desde el año 2010 hasta estos días.

Por otra parte, el Caribe, por su importancia relativa como una zona de tránsito de las sustancias ilegales destinadas a los mercados de Estados Unidos, México y el Pacífico Oriental, está siendo utilizado como el principal medio de transportes marítimos y de vuelos aéreos ilegales.

Algunos expertos de los países asiáticos y africanos constatan un aumento del consumo de heroína en sus regiones, mientras que los datos más recientes disponibles indican que en Europa dicho consumo se mantiene estable y que en algunos países europeos se observa un aumento del consumo de opioides sintéticos.

Consumo problemático de drogas

Existen muchas causas y muchos factores. Lo primero que hay que tener en cuenta es que el fenómeno de la drogadicción no es exclusivo de un grupo o estrato social, económico o cultural determinado.

El consumo de drogas afecta a toda la sociedad en su conjunto, especialmente se concentra entre los hombres jóvenes de entornos urbanos y por una creciente gama de sustancias psicoactivas que imitan los efectos de las sustancias sujetas a fiscalización y cuya composición química está concebida de modo que puedan evadir la fiscalización internacional, las cuales sigue evolucionando rápidamente y cuenta con nuevas sustancias en el mercado.

La magnitud del consumo problemático de drogas, incluida la estimación del número de consumidores habituales de drogas, de drogas inyectables y personas drogodependientes, es un indicador importante para determinar el costo y consumo de tranquilizantes y sedantes por los hombres; consumo de tranquilizantes y sedantes por las mujeres; consumo de cannabis por los hombres y consumo de cannabis por las mujeres.

Todo nos lleva a estimar aproximadamente el nivel mundial de los consumidores de drogas problemáticos y los consumidores de drogas por inyección, que hasta el año de 2015 permaneció estable, según el informe de la ONUDC presentado en el 2018 donde se estima que entre 15,5 y 38,6 millones de personas eran consumidores de drogas problemáticos (en su mayoría consumidores habituales de opioides y de cocaína) y que constituían entre el 10% y el 13% de todos los consumidores de drogas estimados a nivel mundial.

Asimismo hay indicadores de que millones de personas se inyectan opioides, siendo la heroína, la metanfetamina y la cocaína "crack" algunas de las principales sustancias. Las regiones con una prevalencia más alta de esas sustancias también tendían a mostrar una carga mayor de trastornos provocados por el consumo de drogas. De los consumidores de drogas por inyección estimados, más de una cuarta parte se encontraba en Europa Occidental y Oriental y otra cuarta parte en Asia Oriental y Sudoriental.

Factores que pueden favorecer la drogadicción

De tipo social

¿Por qué en la sociedad actual existen tantos adictos? Es verdad que en la sociedad que nos toca vivir hay muchos, pero en la sociedad del siglo pasado existía un buen número a los que se les daba el nombre de viciosos. El vicio es la costumbre o hábito irresistible de hacer algo malo. Lo opuesto del vicio es la virtud, es decir, el hábito de hacer el bien.

La realidad de la sociedad del siglo XXI se caracteriza por la existencia de muchos adictos. El mal entra en las casas de ricos y pobres, no hay distinción de sexo, no respeta a jóvenes, adultos o niños. Nadie puede tener la seguridad de que un pariente, hijo o hermano no caiga en una adicción. La falta de una escala de valores es motivo de que una adicción encuentre donde anidar.

En la actualidad, existe una amplia disponibilidad de drogas, legales e ilegales, que hace mucho más fácil el acceso y el consumo de las mismas, como son los tranquilizantes, somníferos, hipnóticos, etc., que se pueden conseguir en las farmacias sin receta médica.

Asimismo el amplio tráfico y distribución de drogas ilegales hace que sea fácil obtenerlas. Algunas como el éxtasis, krokodril, oxi, están "de moda", y prácticamente se puede conseguir en cualquier discoteca. Niños y jóvenes que viven en las calles pueden acceder a pegamentos, tales como el Terokal, para inhalar.

A esto se suma la desinformación en el tema de las drogas. Algunos sectores proponen la despenalización e incluso la legalización del uso de drogas tales como la marihuana y la cocaína, argumentando que no son peligrosas, o que al legalizar la droga el tráfico ilícito y las mafias dejarán de existir.

Por su parte, los medios de comunicación y sistemas educativos favorecen también el consumo de drogas al promover valores distorsionados (el placer y la satisfacción como meta última de la vida, el consumismo, el sentirse bien a cualquier precio, el vivir el momento, etc.).

La ansiedad de algunas personas de pertenecer a un grupo, de sentirse parte de un círculo social determinado y las presiones por parte de los amigos, pueden hacer que el joven se vea iniciado en el consumo de drogas. El hábito puede ser el requisito para la pertenencia a dicho grupo, y una vez dentro se facilita su adquisición.

De tipo económico

El consumo de drogas supone una gravosa carga financiera para la sociedad. En términos monetarios, según informes realizados por las Naciones Unidas, se requerirían entre un 0,3% y un 0,4% del PIB mundial para sufragar todos los costos de tratamiento relacionados con las drogas en todo el mundo.

En realidad, las sumas reales destinadas al tratamiento de la toxicomanía son muy inferiores y menos de una de cada cinco personas que necesita dicho tratamiento lo recibe, por lo que el impacto del consumo de drogas ilícitas en la productividad de una sociedad, en términos monetarios, parece ser aún mayor.

Según estudios realizados en los Estados Unidos, indicaron que las pérdidas de productividad eran equivalentes al 0,9% del PIB, mientras que estudios realizados en otros países citaban pérdidas por el orden del 0,3% al 0,4% del PIB.

Se calcula que los costos derivados de la delincuencia relacionada con las drogas también son considerables en Gran Bretaña e Irlanda del Norte, especialmente los relacionados con el fraude, robo con fuerza en las cosas, robo con violencia o intimidación y hurto en tiendas, que representan, el 2,6% del PIB, o un 90% del total de los costos económicos y sociales relacionados con la toxicomanía.

De tipo familiar

El problema de las drogas se agrava cuando el probable adicto carece de vínculos y afectos, especialmente en la familia. Si es como si no existiera, el padre y la madre no se preocupan por su hijo, no hablan con él, no se comportan como padres y él no confía en ellos, no será su confidente. En cambio sí lo será con otros como él.

Algunas adicciones hacen que el adicto concurra a ambientes donde se va a encontrar con otros adictos con los que va a adquirir otras adicciones, si no las tiene, como el cigarrillo, el alcohol y la droga. La búsqueda de dinero para drogarse los llevará a la prostitución, al robo y a ser utilizados para distribuir drogas. Una vez adentro, no es fácil salir de la adicción; cuando el adicto reconoce que ha obrado mal, inútilmente jura y vuelve a jurar que esa será la última vez.

Al querer salir de esa vida enloquecida le será sumamente difícil y no podrá abandonarla. No comprende que ha perdido su libertad y es esclavo de sus vicios porque *"la libertad de hacer lo que se quiere, termina en la esclavitud de hacer lo que no se quiere"*.

Hay adicciones, que no pueden ser superadas por el adicto bajo sus propias fuerzas. Él necesitará establecer un vínculo afectivo que le demuestre confianza y que le de la seguridad de que es posible dar el primer paso para salir de esa adicción.

De ahí la conveniencia de asistir a grupos de autoayuda, donde encontrará que hay otras personas que tratan de recuperarse.

Se dice que los hijos de padres fumadores, bebedores o tóxico dependientes son más proclives a tomar drogas que los hijos de padres que no lo son. Un ambiente familiar demasiado permisivo, que carezca de disciplina o control sobre los hijos; o demasiado rígido, donde los hijos se encuentren sometidos a un régimen demasiado autoritario o se encuentren sobreprotegidos, puede también fomentar el consumo de drogas.

La desatención de los hijos por parte de los padres, las familias divididas o destruidas, las continuas peleas de los cónyuges frente a los hijos, la falta de comunicación entre hijos y padres, todos éstos son factores que contribuyen a crear un clima de riesgo, donde la droga puede convertirse fácilmente en una válvula de escape. Se ha comprobado que el uso de drogas por parte de los jóvenes, es menos frecuente cuando las relaciones familiares son satisfactorias.

De tipo individual

Muchos factores personales pueden influir en la decisión de consumir drogas. Éstas pueden ser vistas como una vía de escape a los problemas cotidianos; algunas personas las usan como medio para compensar frustración, soledad, baja autoestima o conflictos afectivos.

Bajo el efecto de las drogas se experimenta un estado de euforia que hace olvidar las cargas o las limitaciones que se tenga. Lo malo es que es una ilusión, y luego de ese estado de euforia viene una frustración incluso mayor que la inicial, lo que lleva a la persona a recurrir nuevamente a la droga.

Otras se inician en la droga por curiosidad, o para experimentar sensaciones nuevas ante una cierta apatía, hastío, aburrimiento o incluso sinsentido de la vida. Ante el vacío que experimentan, la droga se presenta como una posibilidad aparentemente atractiva de llenar ese espacio.

Otros factores que inciden

La ONUDD señala que los factores que más inciden en el consumo de drogas son los que se refieren a los niveles de ingreso disponible, desigualdad, desempleo y pérdida de valores tradicionales, entre otros.

Destaca que la adicción al uso o consumo de cualquier sustancia tóxica está considerada como una enfermedad, primaria, progresiva y mortal.

Se considera enfermedad, porque en la persona existen síntomas, que se manifiestan como un conjunto de señales de alarma que indican algún problema orgánico, emocional o social.

Es progresiva, ya que si no se atiende oportuna y adecuadamente el problema, tiende a empeorar, sobre todo si la persona no comprende que está enferma, que necesita ayuda, que esté convenida de que desea dejar la adicción y que acepte recibir ayuda profesional, ya que una adicción, una vez desarrollada, no es fácil dejarla de forma voluntaria.

Puede ser incapacitante o mortal, porque las personas adictas a sustancias tóxicas, fármacos o drogas sintéticas, van deteriorando su salud progresivamente al dañar lenta y progresivamente algunos órganos vitales hasta que pierden totalmente su función y algunas drogas pueden causar la muerte desde el primer consumo, dependiendo del tipo de droga, la cantidad y el estado de ánimo en que se encuentre la persona.

Por otro lado también hay muchas enfermedades asociadas al uso y consumo de algunas sustancias como el tabaco y las bebidas alcohólicas y muchos casos de muertes provocadas por accidentes, violencia o suicidio, que están relacionadas con personas que consumen drogas, especialmente las sintéticas o nuevas sustancias psicotrópicas.

El creciente número de NSP que aparecen en el mercado ha llegado a ser también una cuestión de gran importancia para la salud pública, no sólo por el creciente consumo, sino también por la falta de investigaciones científicas y el desconocimiento de sus efectos negativos.

¿Cómo saber si alguien consume drogas?

Hay varias señales de alarma que aunque pueden estar relacionadas con estos tipos de factores, es necesario tomar en cuenta, ya que pueden indicar que alguien, sobre todo niños y adolescentes, se han iniciado en el consumo de drogas. Entre ellas están:

- Cambios repentinos de conducta.

- Nerviosismo.

- Agresividad.

- Insomnio.

- Inestabilidad emocional.

- Incomodidad, molestia o enojo cuando se habla del tema de adicciones.

- Irresponsabilidad en el cumplimiento de tareas asignadas.

- Bajas calificaciones y ausentismo escolar o laboral.

- Abandono del estudio, la escuela o el trabajo.

- Amistades que no quieran ser presentadas a la familia.

- Mentiras frecuentes sobre el uso del tiempo libre.

- Nuevas formas de hablar o vestir, no acordes a las costumbres familiares.

- Demanda excesiva de dinero.

- Robo de dinero u objetos que pueden ser vendidos.

- Olor a tabaco, alcohol, marihuana, ojos rojos.

- Empleo constante de lentes oscuros o camisas o blusas de manga larga o que tengan símbolos relacionados con algún tipo de droga.

- Ausencia del hogar y dificultad para explicar en dónde han estado, o cambio de llegada en el horario establecido, etc.

Adicción que gusta, enloquece y mata

Un impulso innato por vivir experiencias distintas a la realidad atrapa cada día a un nuevo adicto a las nuevas drogas de abuso. Un problema severo es que los adictos generalmente no consumen un solo tipo de droga, sino varios, son inestables, inmaduros, no asumen responsabilidades, no tienen sentido de pertenencia y constantemente están atormentados por problemas de todo tipo, personales, familiares y sociales y no saben o no quieren enfrentar los problemas, por lo que buscan una forma de evadirlos y lo hacen mediante el consumo de drogas, sin darse cuenta de que ni los solucionan, ni los olvidan y sí los complican en todos sentidos.

"La adicción a fármacos y drogas ilícitas, daña con frecuencia y de forma irreparable el funcionamiento del cerebro, del corazón y del hígado principalmente".

El consumo puede ser una alternativa recreativa, compulsiva y a veces mortal para escapar a la presión de la realidad y descansar de ella por un rato, aunque no siempre se regresa más renovado, ya que pueden ocasionar daños psíquicos irreversibles y la muerte misma.

Uso y abuso: muerte segura

Todas las adicciones se pueden convertir en enfermedad por los efectos que ocasionan en la salud física, mental y social. Sin embargo dependiendo del tipo de droga y de los riesgos que varían entre sí, queda claro que todas las drogas, sin duda cambian la calidad de vida de las personas que las consumen, obteniendo como respuesta un enorme deterioro de su salud mental y espiritual, sin dejar a un lado la enorme posibilidad de morir.

La dependencia que asesina

Aunque no se dispone de cifras exactas mundiales relativas al consumo de drogas con fines no médicos de venta con receta distintas de los opioides, hay informes que dicen que el consumo de las drogas ilegales, incluidos los tranquilizantes y sedantes (como los de la familia de las benzodiazepinas, diazepam, flunitrazepam o temazepam; metacualona y barbitúricos), constituye un problema cada vez más preocupante, dado que la prevalencia de consumo de estas sustancias en algunos grupos de población y países sobre los que se dispone de datos es superior a la de varias sustancias sujetas a fiscalización.

Se estima que el consumo de drogas ilegales en el mundo causa al año la muertes por el orden de las 580.000 personas, especialmente por sobredosis de los opiáceos, siendo la cannabis o marihuana la sustancia ilícita más consumida, según lo observa la Oficina de Naciones Unidas y donde, además calcula que en el mundo existen cerca de 250 millones de consumidores de cannabis (marihuana), sobre todo en Estados Unidos y Europa. Aunque conocer el número concreto de personas que consumen marihuana en el mundo es casi imposible debido a la ilegalidad de la sustancia en una gran mayoría de los países. El estatus ilegal de la marihuana hace que no existan fuentes oficiales fiables que determinen el número de consumidores. Existen muchas aproximaciones, pero lo más normal es que el número sea siempre inferior al real ya que muchas personas niegan su consumo ya sea por causas legales o por la estigmatización social.

Basándonos en dicho informe podemos afirmar que en Asia, las muertes relacionadas con las drogas ilegales representaron aproximadamente una de cada 100 fallecimientos, en Europa una de cada 110, en África una de cada 150, en América del Sur aproximadamente una de cada 200 muertes, América del Norte y Oceanía, una de cada 200 fallecidos entre las personas de 15 a 64 años de edad.

Esta alta incidencia se debe no sólo a un mayor consumo de narcóticos sino también porque allí existe un mejor seguimiento y comunicación de las muertes causadas por las drogas, según la Secretaría de la ONUDC.

De acuerdo al referido reporte existen entre el 10% y el 13% de usuarios de drogas que son consumidores problemáticos con drogodependencia y trastornos relacionados con enfermedades como el VIH, la hepatitis B y C.

Otras de las drogas más consumidas son los estimulantes de tipo anfetamínico, principalmente metanfetamina, anfetamina y éxtasis, sin embargo, el organismo señala que su consumo resulta difícil de cuantificar debido a que está muy extendido y se realiza a menudo en pequeña escala.

El éxtasis tiene indicios de un aumento de consumo en el mercado europeo y Estados Unidos; en cuanto a la cocaína, el consumo y la fabricación se estabilizaron, aunque la producción y el tráfico disminuyeron en general debido al descenso de la fabricación por parte de Colombia, siendo Perú y Bolivia quienes mantienen la producción de esta droga.

Principales países consumidores de anfetaminas en el mundo durante el año 2019

Fuente: UNODC

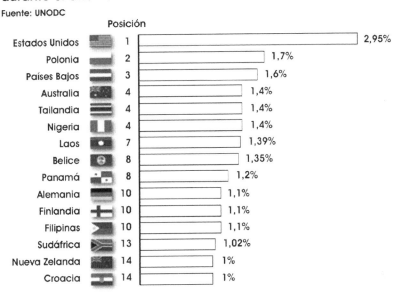

	Posición	
Estados Unidos	1	2,95%
Polonia	2	1,7%
Países Bajos	3	1,6%
Australia	4	1,4%
Tailandia	4	1,4%
Nigeria	4	1,4%
Laos	7	1,39%
Belice	8	1,35%
Panamá	8	1,2%
Alemania	10	1,1%
Finlandia	10	1,1%
Filipinas	10	1,1%
Sudáfrica	13	1,02%
Nueva Zelanda	14	1%
Croacia	14	1%

Es importante indicar que los principales mercados de cocaína siguen estando en América del Norte, Europa y Oceanía (especialmente Australia y Nueva Zelanda), mientras que los opioides, como la heroína o morfina, tiene un consumo estable anual estimado entre el 0,6 y el 0,8% de la población mundial, entre los 15 y 64 años, siendo Asia y algunos países de África los que más las adquieren.

Incautaciones que no disminuyen

Aunque las sustancias psicoactivas se consumen desde hace miles de años, en los últimos decenios el problema de las drogas ha cobrado un aumento entre los jóvenes, en particular hombres de entornos urbanos, aunado a una creciente gama de drogas ilegales.

La metanfetamina sigue siendo el puntal del negocio de los estimulantes de tipo anfetamínico; representó el 71% de las incautaciones de esas sustancias a nivel mundial en 2019.

Los comprimidos de metanfetamina siguen siendo el estimulante en su tipo, predominante en Asia oriental y sudoriental, región en la que fueron incautados. Sin embargo, las incautaciones de metanfetamina cristalizada aumentaron hasta 18,8 toneladas, que fue el nivel más alto de los últimos cinco años, lo que indica que la sustancia es una amenaza inminente.

Aparentemente la fabricación de metanfetamina también se está propagando: se descubrieron nuevos emplazamientos en la Federación de Rusia y Polonia, entre otros países. Existen también indicios de un aumento de la actividad de fabricación en América Central y un incremento de la influencia de las organizaciones mexicanas de narcotraficantes en el mercado de drogas sintéticas de la región.

Las cifras correspondientes a las incautaciones de anfetamina también han aumentado, especialmente en el Oriente Medio, donde la droga puede obtenerse principalmente en forma de comprimidos, comercializada como "captagon" y consistente mayoritariamente en anfetamina.

Europa y Estados Unidos notificaron casi el mismo número de laboratorios de anfetamina y el total se mantuvo bastante estable en comparación con 2019.

Pese a un auge importante del desmantelamiento de laboratorios de anfetamina clandestinos, las incautaciones de anfetamina en Europa continuaron su tendencia descendente. No obstante, hay indicios de recuperación en el mercado europeo de "éxtasis", habida cuenta de que las incautaciones de sustancias de su grupo aumentaron a más del doble en 2018. La disponibilidad y el consumo de esta droga también parece estar aumentando en EE.UU., paralelamente a un creciente número de incautaciones de "éxtasis" en Oceanía y Asia sudoriental.

Por otra parte, todo parece indicar que las organizaciones delictivas involucradas en el contrabando de estimulantes de tipo anfetamínico, especialmente metanfetamina, explotan el África Occidental de manera similar a los traficantes de cocaína. En 2008 comenzaron a aumentar las incautaciones de metanfetamina procedente del África Occidental; esta sustancia era objeto de contrabando a los países del Asia Oriental, en particular el Japón y la República de Corea, hoy en día es un importante negocio que se nutre de grandes cantidades de dinero y beneficia a los principales cárteles de las drogas mexicanos.

Prevalencia de los anfetamínicos

Empleo de anfetaminas

Principio activo

Fenil-isopropil-amina

Características

Su consumo es oral. Sus efectos se experimentan luego de los 30 minutos, pudiéndose prolongar hasta por 10 horas. Si ha sido inhalada o inyectada los efectos son inmediatos y de corta duración.

Producción

Son sintetizadas en laboratorios. Son un grupo de compuestos orgánicos del nitrógeno que pueden considerarse derivados del amoniaco. Se las conoce 'anfetas' y 'pepas'.

Presentación

Se presentan en forma de tabletas y cápsulas con texturas y colores diferentes.

Efectos de la intoxicación	Consecuencia en el organismo y la salud	Consecuencias socio-familiares
* Incremento de alerta e iniciativa * Falta de sueño * Euforia y verborrea * Disminuye la sensación de fatiga * Mejora el ánimo, la confianza y la habilidad para concentrarse	* Intranquilidad, agitación * Resequedad bucal * Pérdida de apetito * Aceleración del ritmo cardíaco * Dilatación de pupilas * Dosis altas pueden producir náuseas, sudoración, dolores de cabeza y visión borrosa	* Anorexia * Desnutrición * Ideación paranoide * Aparición de conductas repetitivas o estereotipadas

Cabe indicar que dentro de las sustancias relacionadas con las anfetaminas se encuentran los anorexígenos, grupo de fármacos utilizados en el tratamiento de la obesidad o para reducir el peso, pero que como efectos secundarios poseen poder estimulante, que se manifiesta en forma de euforia e irritabilidad que llevado a que su uso sea cada vez más restringido con fines terapéuticos.

Hoy la fabricación y el consumo ilícitos de estimulantes de tipo anfetamínico siguen aumentando, en contraste con las actuales tendencias generales de las drogas derivadas de plantas.

Durante el período 1998-2010, las incautaciones mundiales de estimulantes de tipo anfetamínico prácticamente se triplicaron, incremento muy superior al registrado con respecto a las drogas derivadas de plantas. Los mayores aumentos de la demanda durante el último decenio han sido comunicados por países de Asia.

Existen informes de que la politoxicomanía, es decir, el consumo de sustancias diversas ya sea de forma simultánea o sucesiva, es cada vez más frecuente en muchos países. Si bien la combinación de sustancias más común es la del alcohol con diferentes drogas ilícitas, otras combinaciones como el *"speedball"*, una mezcla de cocaína y heroína, también son frecuentes en muchos lugares.

Por ejemplo en Estados Unidos el consumo de opioides con fines no médicos resulta especialmente problemático y es la causa de muchas muertes por sobredosis, habiéndose cuadruplicado sus cifras desde 2019.

Cifras de la UNODC de 2019, señalan que en Estados Unidos, en algún momento se comunicó una prevalencia anual y mensual del consumo de drogas psicoterapéuticas (principalmente analgésicos), entre las personas de 12 años o más, del 20,4%, el 6,3% y el 2,7%, respectivamente, en 2019, cifras que son superiores a las de cualquier otro tipo de droga excepto el cannabis.

Drogas estimulantes, depresivas, narcóticas o alucinógenas

Existen varios tipos de drogas y es necesario destacar entre el uso de sustancias químicas con fines médicos y el abuso en su consumo con fines adictivos. Hay drogas legales y socialmente admitidas y promovidas, y otras ilegales. Entre las legales están el tabaco, el café, las bebidas alcohólicas, los solventes industriales y los fármacos. Entre las ilegales están la marihuana, la cocaína, la heroína, las anfetaminas, metanfetaminas, etc.

Cada vez es mayor el número de las Nuevas Sustancias Psicoactivas que se consumen, identifican o mencionan en informes y cuya composición química se ha planeado de forma que permiten eludir la fiscalización internacional.

Principales consumidores de éxtasis
Porcentaje de adultos que han consumido en el último año

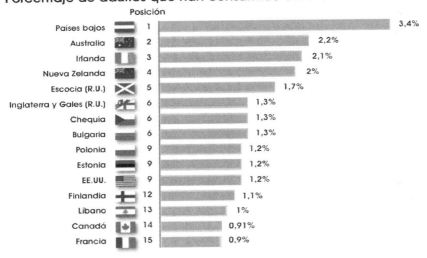

Posición

País	Posición	Porcentaje
Países bajos	1	3,4%
Australia	2	2,2%
Irlanda	3	2,1%
Nueva Zelanda	4	2%
Escocia (R.U.)	5	1,7%
Inglaterra y Gales (R.U.)	6	1,3%
Chequia	6	1,3%
Bulgaria	6	1,3%
Polonia	9	1,2%
Estonia	9	1,2%
EE.UU.	9	1,2%
Finlandia	12	1,1%
Líbano	13	1%
Canadá	14	0,91%
Francia	15	0,9%

Fuente: UNODC 2019

Los derivados de la piperazina se siguen vendiendo como sustitutos del "éxtasis", a la vez que desde 2008 hasta el presente, se han detectado asimismo, en las mezclas herbáceas para fumadores vendidas bajo nombres de marca como Spice, varios cannabinoides sintéticos cuyos efectos son parecidos a los del cannabis pero que contienen productos no sometidos a fiscalización internacional.

Según los efectos en el organismo, las sustancias adictivas pueden ser estimulantes, depresivas, narcóticas o alucinógenas.

Entre las principales drogas estimulantes están la: cocaína, las anfetaminas, las methilfenidas, la fenometrazina y otras que, ya sean inhaladas, fumadas o inyectadas, producen incremento en la alerta, excitación, euforia, aumento del pulso cardíaco y la presión sanguínea, insomnio e inapetencia.

Las drogas de venta con receta que son objeto de frecuente uso indebido son los estimulantes. En años recientes ha disminuido el consumo de estimulantes con fines médicos, aunque estos aún se recetan para el tratamiento del trastorno de la concentración y la narcolepsia. Además del riesgo de dependencia, el consumo de estimulantes con fines no médicos puede provocar arritmias, alza de temperatura o incluso insuficiencia cardiovascular y ataques epilépticos.

Según varias encuestas de consumidores de drogas, el uso indebido de estimulantes de venta con receta está muy extendido en las Américas.

En particular en América del Sur, el consumo de estimulantes a menudo está asociado a los esfuerzos para bajar de peso. Sin embargo, el problema no se limita a esa región, puesto que países de todas las regiones han comunicado niveles relativamente altos de su consumo.

En algunos países se ha registrado un notable incremento de la disponibilidad de estimulantes de venta con receta. Por ejemplo, en EE.UU. el número de récipes de estas drogas aumentó de 15 millones en 2014, a casi 91 millones en 2019. Esto está relacionado, entre otras cosas, con un aumento de las recetas de metilfenidato (comercializado como Ritalin), una droga empleada para tratar el trastorno de la concentración. El consumo de metilfenidato en los Estados Unidos excede con creces el consumo mundial de esa sustancia, aunque éste ha aumentado considerablemente en el último decenio.

Las *sustancias depresivas*, como los barbitúricos, las benzodiazepinas, el alcohol y las methaqualona, provocan dificultad al hablar, desorientación, tambaleo al caminar y embriaguez.

Los *narcóticos* son utilizados en la medicina, entre ellos están el opio, la morfina, la codeína, la heroína, la metadona y otros más. Entre sus efectos están la euforia, el mareo, la disminución del ritmo respiratorio y las náuseas.

Los *alucinógenos* son sustancias que producen espejismos, alucinaciones, percepciones alteradas del cuerpo y de la realidad y mucha excitación emocional. Entre los más utilizados están: Karetina, Krokodril, el LSD, los hongos, la mezcalina, el peyote y otros más.

Otro tipo de sustancias adictivas son los *cannabinoides*, como la marihuana o el hashish, que ocasionan euforia, desinhibición, incremento del apetito, deterioro de la memoria y de la atención.

Problemática de consumo mundial

La droga más consumida sigue siendo, como lo indiqué anteriormente, el cannabis y sus derivados, le siguen las anfetaminas, la cocaína, el éxtasis, la heroína y los derivados del opio; y a esta lista se le unen otras drogas que cada día se están usando más y sirven de puente para las relaciones sexuales, como los inhalantes y drogas de diseño o síntesis.

El problema de la drogadicción a escala mundial, según indica la Organización de las Naciones Unidas (ONU), ha registrado un aumento del número total estimado de consumidores de sustancias ilícitas, con indicadores de que el número de consumidores de drogas con dependencia o trastornos debidos al consumo de drogas ha permanecido casi estable. El aumento del número de consumidores estimado anualmente es reflejo, en gran medida, del aumento de la población mundial.

Sin embargo, el consumo simultáneo de varias drogas, especialmente la combinación de medicamentos de venta con receta y sustancias ilícitas, sigue causando alta preocupación, como el abuso de sedantes y tranquilizantes, donde más del 60% de los países comprendidos en el informe clasifica esas sustancias entre los tres primeros tipos objeto de uso indebido.

El creciente número de NSP que aparecen en el mercado ha llegado a ser también una cuestión de gran importancia para la salud pública, no sólo por el creciente consumo, sino también por la falta de investigaciones científicas y el desconocimiento de sus efectos negativos.

Esto indica que el alcance del consumo de drogas ilícitas se ha mantenido medio estable, pero los consumidores problemáticos de drogas, que suman aproximadamente entre 25,5 millones y 68,6 millones (casi el 18% de los consumidores de drogas ilícitas), incluidos los que padecen drogodependencia y trastornos resultantes del uso de drogas, siguen siendo motivo de especial atención.

Además, en el año 2018 había en todo el mundo 20,6% de personas que se inyectaban drogas y el 18,9% estaban contagiadas con el VIH. La prevalencia mundial de la hepatitis C entre los consumidores de drogas por inyección equivalía a unos 9,4 millones de personas que la padecían en todo el mundo. También unos 4,3 millones de consumidores de drogas por inyección habían contraído hepatitis B a finales del año 2018.

Inyectarse drogas conlleva a muchos riesgos

Hay cada vez más indicios de que el consumo de drogas por otros medios distintos de la inyección también conlleva un mayor riesgo de contraer el VIH, especialmente a causa de la falta de protección en las relaciones sexuales.

Este grave flagelo de salud pública y social está afectando principalmente a la población joven y ocasiona daños de alta peligrosidad en su salud y en su entorno, principalmente a su familia; afecta además los estudios o trabajo, y puede modificar y alterar sus funciones, ocasionar hábito, dependencia física y psicológica, siendo causante además, de graves consecuencias, tales como socavar el desarrollo económico y social, la delincuencia, la inestabilidad, la inseguridad y otras acciones violentas que pueden ocasionar muertes.

Un mercado peligroso

En los últimos años el narcotráfico viene incrementando un mercado cada vez más peligroso, por lo que los delincuentes han recurrido más a las drogas sintéticas. En términos de sustancias específicas, es posible que la prominencia de la heroína y la cocaína en los mercados de drogas ilícitas sigan disminuyendo. En contraste, no hay indicios de que la popularidad del cannabis se resienta marcadamente.

Es probable que esta droga continúe siendo la sustancia ilícita más consumida y que el consumo de una gran variedad de drogas sintéticas lícitas e ilícitas siga en ascenso. Estas previsiones se basan en el supuesto de que ciertos factores clave se mantendrán estables.

Sin embargo, este supuesto podría no materializarse, dado que aún pueden surgir numerosas situaciones y circunstancias imprevistas en gran medida imprevisibles, que repercutan en el problema, como ha sucedido repetidas veces en el pasado. Mientras más se hurga en el futuro, más impredecible resulta la evolución.

El mayor problema del mercado actual de las drogas es su elaboración de forma clandestina con sustancias químicas psicoactivas sintéticas, creadas a partir de un proceso de medicamentos permitidos o legales, como los utilizados para el resfrío, o de la modificación de la estructura química de algunos productos naturales o sustancias. Estas drogas, denominadas sintéticas, tienen elevados y rápidos poderes adictivos y actúan de manera más eficaz y efectiva para los efectos deseados, en ambientes propicios como las discotecas, con luces, ruidos y falta de oxigenación.

Las organizaciones de narcotraficantes siempre han mostrado un grado de flexibilidad extraordinario para adaptar sus estrategias de fabricación a fin de evitar la detección. Algunas de esas estrategias incluyen la utilización de sustancias químicas sucedáneas, la extracción de precursores de preparados farmacéuticos y, más recientemente, la disimulación de precursores y el desarrollo de nuevos métodos de síntesis. Los constantes cambios en el proceso de fabricación ilícita de sustancias sintéticas presentan un sin número de nuevos desafíos a las autoridades de fiscalización de drogas en todo el mundo.

Aunque en los jóvenes que usan drogas sintéticas su consumo no tiene continuidad elevada (normalmente es esporádico de una a dos veces por semana) su peligro radica en el frecuente uso combinado con cocaína, anfetaminas y alucinógenos, además de alcohol o marihuana, que pueden llevarlos a la incapacidad mental o a la muerte.

Pero así como los consumidores de las drogas sintéticas buscan "escapar de la realidad" para introducirse en un mundo donde el "estímulo de sus sentidos" les permita no sentir el cansancio para "bailar frenéticamente" con música estridente durante muchas horas, lamentablemente están arriesgando su salud y su vida. Sin darse cuenta se produce en su cuerpo tolerancia a éstas drogas, obligándolo a aumentar la dosis para obtener el mismo efecto; a corto plazo puede producir efectos graves e imprevisibles y a la larga, efectos cerebrales irreversibles.

Su abuso y dependencia predisponen al consumidor a franca depresiones del sistema nervioso central, psicosis y síntomas esquizofrénicos, además de depresiones en la respiración, hipertensión y taquicardia, temblores musculares (mioclonías), crisis de ansiedad, psicosis paranoide y tóxica, hasta el riesgo de muerte que se incrementa con la asociación de otras drogas depresoras como la heroína.

No obstante, los datos relativos al consumo con fines no médicos de tranquilizantes y sedantes en países europeos, por ejemplo, indican que la tasa de abandono de dicho consumo es muy inferior a la tasa de abandono de las drogas ilícitas, especialmente entre las mujeres.

Distribución del consumo de drogas ilegales por sexo

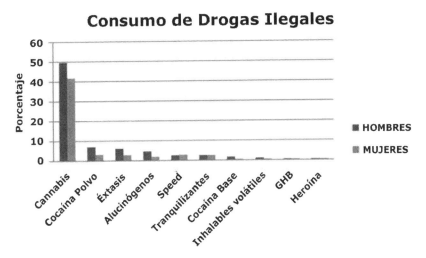

De hecho, más de la tercera parte de las mujeres que han consumido tranquilizantes y sedantes una vez (consumidoras en algún momento de la vida) pasan a ser consumidoras regulares (mensuales), mientras que en general, menos del 10% de las mujeres que han consumido esas sustancias alguna vez en la vida pasan a ser consumidoras regulares (mensuales) de otras drogas.

Un mundo de engaños y falsedades

Hoy las drogas te crean un deseo intenso e irreprimible de consumirlas, reduciendo la capacidad de control, pues una vez que te inicias en ellas, resulta muy difícil controlar lo que se consume, convirtiéndose cada día más en una adicción absoluta.

El síndrome de abstinencia, o malestares físicos y psíquicos aparecen drásticamente cuando se abandona el consumo o cuando se disminuye mucho. Son específicos de cada sustancia a las cuales te vas convirtiendo en consumidor tolerante, es decir, cuando descubres que "aguantas cada día más" o para "ponerte a gusto" necesitas mayor cantidad de droga.

Las drogas hacen que abandones otras fuentes de placer. El consumo, la búsqueda o compra de la sustancia y la vivencia de los efectos que produce tras ingerirlas cada día te obliga más a dejar el resto de actividades que antes llevabas a cabo, aumentando el tiempo para el consumo.

No hay que olvidar la persistencia, que a pesar de conocer los efectos perjudiciales, no dejas de consumir, o no encuentras la manera de hacerlo, aunque vayas descubriendo que te ocasiona disputas familiares y sociales o riesgos para el mantenimiento del trabajo, etc.

Desde el punto de vista fisiológico, las drogas estimulantes son cualquier sustancia que activa, potencia o incrementa la actividad neuronal. Son ejemplos las anfetaminas, la cocaína, la cafeína y otras xantinas, la nicotina, los anorexígenos y muchas otras.

Hay medicamentos que tienen acciones estimulantes que a pesar de no constituir su efecto principal, pueden manifestarse cuando se consumen en dosis altas o de forma prolongada, se trata de los antidepresivos, los anticolinérgicos y ciertos opiáceos.

Depresores e hipnóticos

Estas drogas inhiben las funciones cerebrales de la vigilia y, dependiendo de la dosis, pueden causar relajación, sedación y en algunas casos el coma. La más consumida es el alcohol, pero es legal y ha sido la más tolerada. Le siguen los barbitúricos, usados como anti convulsionantes, sedantes e hipnóticos y pueden ocasionar hasta la muerte.

Las benzodiacepinas calman la ansiedad y relajan hasta producir sueño y, en dosis alta, el coma. El depresor de mayor consumo en el mundo es el cannabis y sus derivados, los cuales relajan, desinhiben, propician las relaciones sociales y el buen humor inmediato, pero en dosis altas provocan confusión y alteran la percepción de la realidad.

El GHB, también conocido como éxtasis líquido, es una droga de prescripción médica y no tiene los efectos del éxtasis, como se cree. Es relajante muscular, produce sensación de euforia y felicidad e induce al sueño profundo. Su abuso crea estados de confusión tan intensos, que los criminales la usan para someter a sus víctimas.

También están los solventes industriales, sustancias altamente tóxicas como aerosoles, pinturas, tanques de propano, etc., que al ser inhaladas con frecuencia generan graves daños físicos y síquicos. Se utilizan para causar una euforia transitoria y como excitantes de los órganos sexuales. El más usado para este fin es el 'poppers' o nitrito de amilo.

Pero el estimulante ilegal de mayor consumo es la anfetamina, indicado inicialmente para estados gripales y como antidepresivo, pero fue descontinuado y hoy es ilegal. Produce un fuerte estado de excitación psicomotriz, estimulación del pensamiento, vigor sexual, inhibe el hambre y su efecto puede durar hasta ocho horas. Su sobredosis puede causar anorexia, paro cardíaco e insuficiencia respiratoria.

Le sigue la cocaína, con los mismos efectos de las anfetaminas, pero sus efectos sólo duran una hora. Es la droga más consumida en los estratos altos y la sobredosis puede causar paro cardíaco.

El éxtasis o MDMA, inicialmente una droga usada en psicoterapia para rescatar recuerdos reprimidos, es hoy la droga más popular entre la juventud porque, además de mezclar efectos estimulantes con un ligero toque alucinógeno, genera alegría y facilita las relaciones sexuales.

Alucinógenos perturbadores

A este grupo pertenecen tal vez las drogas de abuso más poderosas y letales. La ketamina, por ejemplo, es un poderoso anestésico inyectable usado en cirugía, que disocia la mente del cuerpo y hace perder la noción de sí mismo, creando crisis de pánico que pueden llevar a la muerte por paro cardíaco o depresión respiratoria.

El LSD, o ácido lisérgico, más conocido como 'tripis' o 'micro puntos', ha sido de las sustancias ilegales más discutidas porque sus efectos adversos son a veces contradictorios. Producen mayor agudeza sensorial, colores más brillantes, se oyen sonidos inaudibles, se 'escuchan los colores' y 'se visualizan las notas musicales', como ha sido descrita. Aunque es usado por la medicina en dosis controladas, su abuso dificulta el pensamiento coherente, causa pérdida de memoria y coordinación muscular.

El PCP o fenciclidina, conocido como 'polvo de ángel' y 'píldora de la paz', es un anestésico de uso veterinario que se inyecta, se toma en grageas o se esnifa. Produce sensación de aislamiento, velocidad, euforia, paz interior y, a veces, despersonalización. En dosis altas provoca psicosis, esquizofrenia, violencia, convulsiones, coma y muerte.

La escopolamina o 'burundanga', es un alcaloide extremadamente tóxico que se obtiene de algunas solanáceas. Se usa en medicina en dosis mínimas para tratar los mareos, pero una dosis mayor a 330 microgramos causa delirio, psicosis, parálisis y muerte. Por sus propiedades narcóticas, también se usa para inducir el sueño colocando flores debajo de la almohada. Debido a que hace perder la voluntad, es muy usada por los delincuentes.

La metanfetamina

Empleo de metanfetaminas

Principio activo
d-N-metilanfetamina

Características
Sus efectos duran entre 3 y 5 horas, aunque pueden prolongarse hasta 12 horas. Inmediatamente después de fumar o inyectar la droga, el usuario experimenta una sensación intensa conocida como 'rush' que es de corta duración.

Producción
Sintetizada en laboratorios clandestinos, es un derivado de la anfetaminas. Son conocidas como 'speed', 'meth', 'tiza', 'cristal', 'ice', etc.

Presentación
Se presenta de dos formas: a) clorhidrato de metanfetamina ('speed' o 'crank') como polvo cristalino, incoloro, amargo y sin olor. También se presenta en comprimidos, tabletas o cápsulas; b) metanfetamina pura ('shabu', 'sharon' o 'ice') en forma de rocas cristalinas con aspecto de hielo.

Efectos de la intoxicación	Efectos no deseados	Consecuencias
* Alerta y disminución de fatiga * Desinhibición * Confianza y concentración * Euforia * Disminución del apetito y el sueño * Pupilas dilatadas * Aumento de la actividad motora y el habla * Ansiedad * Proclividad a conducta violenta	* Elevación del azúcar en sangre * Incrementos en respiración, ritmo cardíaco y presión sanguínea * Incremento de la temperatura corporal * Irritación gastrointestinal, y diarrea * A dosis altas: temblor generalizado * Sequedad bucal	* Daño en hígado y riñones * Desnutrición * Agotamiento * Daños cardiovasculares * Ataque y convulsiones * Daño pulmonar * Artritis necrosante que puede producir insuficiencia renal o hemorragia cerebral * Agresividad permanente

La estructura química de la metanfetamina es similar a la de la anfetamina y a la del neurotransmisor dopamina, aunque distinto a la de la cocaína. Si bien ambos son estimulantes y tienen efectos conductuales y fisiológicos similares, tienen diferencias en los mecanismos básicos de funcionamiento.

En contraste con la cocaína, que el cuerpo elimina rápidamente, metabolizándola casi por completo, la metanfetamina tiene una acción mucho más prolongada y un porcentaje mayor de la droga permanece inalterado en el cuerpo.

La metanfetamina es una droga ilegal en la misma categoría que la cocaína y otros psicotrópicos de la calle de gran alcance. Es usada por personas de todas las edades, pero es más comúnmente utilizada como una "droga de club", en las fiestas en clubes nocturnos o en fiestas rave.

Tiene muchos apodos: Crystal Meth, Beannies, Marrón, Tiza, Manivela, Pollo de alimentación, Canela, Sistema Patinas, Crypto, Rápido, GetGo, Methlies Quik, Grieta mexicano, Pervitin (República Checa), Redneck cocaína, Acelerar, Tick tick, Tweak, Lavar, Yaba (Sudeste de Asia), Polvo amarillo, Batu, Hoja, Cristy, Cristal, Vasos de cristal, Vidrio, Hielo caliente, Hielo y Cuarzo.

Es una sustancia química peligrosa y potente y, como con todos los medicamentos, un veneno que actúa primero como estimulante pero luego empezar a destruir sistemáticamente el cuerpo. Por lo tanto, se asocia con problemas de salud graves como pérdida de memoria, agresión, comportamiento psicótico y potencial daño del corazón y cerebral.

Esta droga es tan agresiva que quema los recursos del cuerpo, creando una dependencia devastadora que sólo puede aliviarse mediante la adopción de más de la misma droga. Sólo se necesita probarla una vez para no dejarla nunca.

La mentafetamina es blanca y cristalina, que se toma por inhalación, fumada o inyectada. Algunos incluso la ingieren por vía oral, pero todos desarrollan un fuerte deseo de seguir utilizándola porque crea una falsa sensación de felicidad y bienestar, fuerte sentimiento de confianza, y de hiperactividad y energía. También se experimenta disminución del apetito. Sus efectos generalmente duran de seis a ocho horas, pero de acuerdo a la cantidad puede durar hasta veinticuatro horas.

Aunque sigue siendo comparativamente pequeño en términos mundiales, el mercado de metanfetamina europeo también está en expansión y algunos países, sobre todo del norte de Europa, han comenzado a informar de la presencia cada vez mayor de la metanfetamina en sus mercados ilícitos.

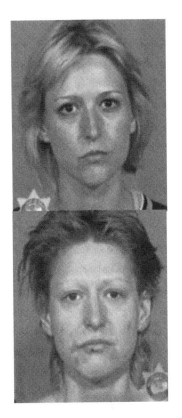

El antes y después de una consumidora

Las drogas más calientes

Krokodil. Produce piel escamosa como la de un cocodrilo, de allí su nombre.

El pie con gangrena y la pierna se separa del pie

El Krokodil viene de Rusia y es de elaboración casera. Forma parte de los opiáceos sintéticos, siendo mucho más potente que la heroína, y mucho más barata, que se mezcla con morfina y químicos, pintura, gasolina, ácido clorhídrico, Idoine y fósforo rojo. Su adición es instantánea y desde su primera inyección; produce posteriormente una muerte en 3 años desde la primera dosis.

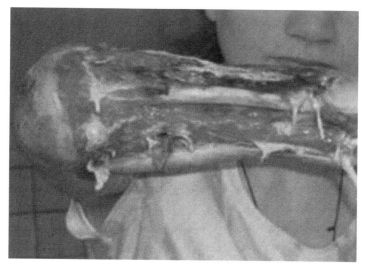

La droga que destruye al ser humano

Mientras que la heroína cuesta alrededor 40 dólares la dosis en Rusia, la desomorfina puede ser cocinada con analgésicos basados en codeína (de 4 dólares el paquete) y otros ingredientes caseros, baratos y disponibles en los supermercados. Por esto no es raro que muchos de los adictos a la heroína acaben entrando a la boca del "cocodrilo".

Sin embargo, lo barato sale caro. El efecto de la heroína dura varias horas, mientras que el viaje de krokodil dura entre 90 minutos y 2 horas y el proceso de "cocina" dura al menos media hora. Así que ser adicto a esta sustancia es un trabajo de tiempo completo. Dejar la sustancia tarda un mes o más, la desintoxicación de la heroína dura típicamente sólo una semana.

Se calcula que existen 3 millones de adictos a la heroína en Rusia, el país que más heroinómanos tiene en el mundo; se calcula que unos 125 mil de ellos son adictos a la desomorfina.

El diario británico The Independent ha publicado una serie de historias de jóvenes que usaron esta droga. La piel carcomida y el hueso al aire libre, es la tétrica y perturbadora imagen que se repite cada vez más. La dosis de heroína cuesta alrededor de 50 dólares en Rusia. Al no poder costearla, los adictos empiezan a usar Krokodil, tres veces más barato que la heroína.

Esta droga envenena la sangre, produce gangrena; el efecto resultante es la piel en descomposición y huesos porosos flagelados por la acidez de la droga. La droga toma su nombre de sus ingredientes venenosos que rápidamente, vuelven "escamosa" la piel y después empiezan a carcomerla.

Es de mencionar que desde diciembre de 2010 se permite por ley el vender marihuana en Rusia, para así tratar de disminuir el consumo del Krokodil. Ello llevó a que hoy existen más de 200 millones de rusos que consumen la hierba alucinógena.

Se dice que Kosovo se ha convertido en la principal ciudad distribuidora de drogas de Europa, con ganancias anuales de casi 30.000 millones de euros, según el Servicio Federal Ruso de Control de Drogas, Belgrado.

Polvo Rosa, muy destructiva y de gran consumo en Colombia y EE.UU.

Entre las más recientes drogas que están en el gran negocio del tráfico y consumo, está el Polvo de Rosa, con un alto poder destructivo que circula especialmente en Colombia y Estados Unidos, conocida también como Venus, Eros, Tucibi (2CB), Nexus o Cocaína Rosada. Tiene un alto poder adictivo que es equiparable al de otras sustancias psicoactivas como la metanfetamina.

Fue sintetizada por primera vez en Estados Unidos en el año 1974 por el farmacéutico Alexander Shulgin, y pertenece a las drogas sintéticas, caracterizadas por estar fabricadas a través de procesos químicos, generalmente en laboratorios de legalidad dudosa.

De esta manera, el polvo rosa pertenecería al grupo de drogas de diseño, es decir, aquellas que imitan los efectos de los opiáceos, funcionan como sustitutos de la cocaína o bien producen efectos originales y novedosos.

Se trata de una droga sintética con efectos psicodélicos. Altera todos los sentidos y cambia la percepción del mundo con alucinaciones visuales y del pensamiento. El descontrol de la imaginación puede causar terribles ataques de pánico, intensidad emocional, crisis graves de ansiedad, una completa desorientación, despersonalización, cansancio extremo, depresión y permanentes trastornos psicóticos.

El Polvo Rosa es una droga muy peligrosa y sus consecuencias pueden ser devastadoras tanto a corto como a largo plazo.

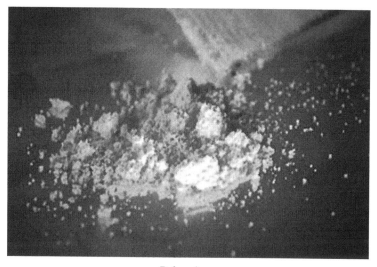

Polvo de rosa

En España la policía descubrió por primera vez esta maligna droga en 2012, cuando a través de operativos pudieron desmantelar pequeños grupos de traficantes que la traían de Colombia y Estados Unidos para el consumo en las calles de Madrid de donde se distribuía al resto de Europa.

Fue unos meses después que se profundizaron las operaciones de la policía española para acabar con el tráfico ilegal de esta sustancia y en el mes de julio del año 2013, se detuvo a 20 personas en una redada producida en la ciudad de Madrid, con la cual se verificó que el Polvo de Rosa, ya no era comercializado, por lo menos en las discotecas y fiestas. Sigue siendo de gran expectativa si vuelve a las calles, no sólo en España, sino además en varias ciudades de Europa.

Yaba

Otra píldora de droga sintética que se ha popularizado mucho en los últimos tiempos, especialmente entre las comunidades asiáticas de los Estados, es la llamada "Yaba", que es una combinación del poderoso y adictivo estimulante metanfetamina con cafeína. Se produce en el Asia sudoriental y oriental. En tailandés, yaba significa medicina loca, por lo que se le llama popularmente *"crazy medicine"* y *"Nazi speed"*.

Esta droga sintética se vende en tabletas pequeñas de colores brillantes, usualmente naranja rojizo o verde, a las cuales se les diseña toda una variedad de logotipos, siendo los más frecuentes R y WY.

Generalmente se consume por vía oral, con un sabor que tiende a ser dulce (uva, naranja, o vainilla). Otro método común se conoce como *chasing the dragon* (perseguir el dragón). Los usuarios ponen la tableta de yaba sobre papel de aluminio y la calientan desde abajo. A medida que la tableta se derrite, los vapores se elevan y se inhalan. La droga puede administrarse también pulverizando las tabletas. El polvo resultante se aspira o se mezcla con un disolvente y se inyecta.

La yaba está ganando cada vez más popularidad en los reventones, las fiestas tecno y en los lugares donde se usa la droga MDMA (3,4-metilenedioximetanfetamina, comúnmente llamada éxtasis). Los distribuidores de drogas deliberadamente venden la yaba a los jóvenes, muchos de los cuales ya han probado la MDMA. Los colores brillantes y los sabores de dulces de las tabletas de yaba son ejemplos de lo que hacen los distribuidores por atraer a los jóvenes, a quienes terminan llevando a ser vendedores también.

Estas píldoras figuran en la Lista II de la Ley de Sustancias Controladas, junto a otras como la cocaína y la PCP, que también tienen gran potencial de abuso, el cual puede conducir a una fuerte dependencia psicológica o física

Birmania

El mayor mercado del mundo de metanfetamina está en Birmania, Asia, donde el negocio tiene un valor de 16 mil a 17 mil millones de dólares en esa región.

En Birmania, grupos armados producen millones de píldoras al año, superando la producción de México, que es el epicentro en Norteamérica. Un laboratorio crea en promedio 10 mil píldoras por hora. Sin embargo, las autoridades sólo logran incautar el 10% de lo que se produce.

El Triángulo Dorado del norte de Birmania es el proveedor de yaba para Tailandia, Camboya, Laos, el sur de China, Malasia, Indonesia, Filipinas, Australia, Nueva Zelanda y hasta Corea del Sur. Se estima que desde China hasta Australia y Nueva Zelanda, unas 17 millones de personas consumen metanfetaminas cada año.

Píldoras de yaba

De acuerdo a un testimonio anónimo, que podemos llamar Juan, el precio de venta de yaba aumenta de acuerdo a las distancias en la distribución. En la fábrica, la píldora tiene un precio, y al llegar a otras jurisdicciones, éste aumenta. Por cada 10 kilómetros que avanza, puede incrementarse hasta 1.2 ó 2 % de su precio original.

Si se agregan otros factores, el crecimiento continúa. Por ejemplo, si el costo alcanza un primer aumento que representa $2,40 por píldora, al pasar por controles policiales y pagos de sobornos, puede llegar a $6,40, y si existen intermediarios, puede costar $11,40.

Juan señala que en cada entrega lleva 3 mochilas con 40 mil píldoras y que hace un promedio de 4 viajes en un mes, lo que representa una venta de 12 mil pastillas, que pueden dejarle aproximadamente $251.600 mensual.

OxyContin (Oxicodona pura)

Es la pieza central de la epidemia de opioides, donde cada 11 minutos muere alguien por sobredosis de su consumo. Su prescripción legal es de 30 mg.

Una píldora se vende en el mercado ilegal en $30, y un consumidor ingiere en promedio hasta 20 dosis, lo que puede representar $600 al día.

El tema con el Oxycotin y la heroína es que generalmente la persona comienza a consumir fármacos por razones médicas, pero va entrando en adicción, pasando generalmente por razones económicas, al consumo de otras sustancias más potentes. Es allí donde entra en el consumo de heroína y fentanilo.

En México, por ejemplo, existe Jalisco Boys, que implementa un mercado que atiende a domicilio con la oferta de una mejor calidad del producto. Se han expandido hacia los Estados Unidos, abarcando todos los eslabones de la cadena: desde la producción hasta la venta al menoreo, controlando el producto en todo su proceso.

"El Polvo Rosa", combina los efectos alucinógenos del LSD con los efectos enérgicos y eufóricos del MDMA, pues quien lo consume nota un placentero y alto nivel para el cuerpo, acompañado por una sensación de fuerza exagerada y un intenso nerviosismo y excitación. Estos efectos tienen una duración de entre 4 y 8 horas.

Causa curiosidad que se le llama Cocaína Rosa, pero las consecuencias de consumirla no tienen mucho que ver con el clorhidrato de cocaína. El único parecido entre ambas drogas es la presentación en polvo.

Dilaudid

Esta droga es parte de un gran grupo de fármacos que son químicamente similares al opio y que se utilizan como analgésicos. *Dilaudid* es un nombre de marca para un opiáceo llamado hidromorfona. Como se puede deducir del nombre, se deriva de la morfina, aunque tiene una acción calmante más fuerte que ésta y es un poco menos probable que alguien se vuelva adicto.

Pero cuando un fármaco es uno que se busca con frecuencia para abusar de él, esta pequeña diferencia no es de mucha ayuda. Un abuso fuerte durante un tiempo prolongado aún convertirá en adicto a una persona.

Entre los que buscan abusar de los opiáceos, esta droga se conoce como "Dillies", entre otros apodos. Generalmente se inyecta, ya que no tiene el mismo impacto cuando se inhala o se ingiere. Por lo tanto, el consumidor de opiáceos que no quiere consumir drogas de forma inyectada puede no ser atraído por Dilaudid, pero si se inyecta creará una fuerte euforia.

Los que abusan de *opiáceos* tienen muchos procedimientos que comparten en línea sobre cómo abusar del Dilaudid de forma más eficaz. Se puede inyectar, esnifar, convertirlo en una solución y ponerlo en gotas en la nariz, o se puede usar por vía rectal.

Pero los abusadores están de acuerdo en que el trabajo merece la pena porque produce un colocón grande. Algunos lo mezclan con otros opiáceos, como la heroína, una práctica muy peligrosa debido a la posibilidad de sobredosis con resultado de muerte.

Las píldoras de *Dilaudid* son de color rosa, naranja, amarillo y blanco, y el rango es de 2 miligramos a 8 miligramos. Pueden ser redondas o triangulares. El laboratorio Abbott posee este nombre, pero se puede utilizar para describir cualquier producto de hidromorfona. Otros nombres de marcas de hidromorfona incluyen Exalgo, Hydrostat y Palladone. Esta droga también se ofrece como un medicamento para la tos, especialmente si tiene tos fuerte y seca.

Efectos de Dilaudid y otros opiáceos

Los signos de abuso son básicamente los mismos para todos los opiáceos. La intensidad de un efecto u otro puede variar ligeramente y el grado de adicción a drogas específicas puede variar también. Como se ha mencionado, Dilaudid tiene un poder adictivo ligeramente inferior, pero esto significa poco cuando una persona está abusando de la droga, aumentando la dosis a medida que aumenta la tolerancia y continuando con esta práctica durante semanas o meses.

Al igual que con otros opiáceos, los signos de uso o abuso del Dilaudid incluyen:

• Mareos, desvanecimientos

• Náusea

• Vómitos

• Dolor de estómago

• Retención de orina

• Estreñimiento

• Dificultad para respirar

• Desmayos

La sobredosis de opiáceos como Dilaudid normalmente mata a una persona al interferir con la capacidad del cuerpo para respirar. Si se abusa de Dilaudid junto con otro fármaco que ralentiza la respiración, el resultado puede ser la muerte con bastante facilidad.

Algunas personas abusarán de esta droga como ayuda para estabilizarse después de un abuso de estimulantes como el éxtasis, metanfetamina o Adderall.

El abuso de Dilaudid puede crear adicción de forma un poco más lenta que al abusar de otros opiáceos, pero una vez que la persona se vuelve adicta no hay una diferencia significativa. Él (o ella) ha desarrollado una tolerancia, lo que significa que él ha tenido que aumentar la dosis una y otra vez, y que el cuerpo se ha acostumbrado a la presencia de la droga. Si olvida una dosis de la droga, aparecen los síntomas de abstinencia según los efectos de la droga desaparecen.

Un adicto informó que su dosis se incrementó de 8-10 mg por día a 44 mg por día dos meses después, a 72 mg después de seis meses y a 112 mg al cabo de un año. Después de ese punto, no fue capaz de conseguir un colocón con ninguna dosis. Él estaba inyectándose la droga sólo para mantenerse alejado de los síntomas de abstinencia de Dilaudid y ser capaz de funcionar.

Los síntomas de la retirada de Dilaudid son los típicos de la abstinencia de los opiáceos:

* Sudoración profusa

* Cólicos estomacales

* Ansiedad

* Vómitos

* Diarrea intensa

* Arrebatos emocionales

* Lagrimeo y goteo de la nariz

* Ansias por la droga

* Dolor en las articulaciones

* Agitación nerviosa, especialmente en las piernas

* Dolores de cabeza

251-NBOMe

En el condado de St. Louis, Missouri, EE.UU., el nacimiento de una nueva droga está causando polémica. Se trata de la N-Bomb, una molécula sintetizada con efectos muy parecidos al LSD.

251-NBOMe
4-iodo-2,5-dimethoxy-N-(2-methoxybenzyl)phenethylamine

La droga 251-NBOMe

La policía del condado de St. Louis, Missouri ha detectado la producción de este alucinógeno nuevo, uno más entre la incesante serie de drogas de diseño que alteran las moléculas de drogas preexistentes para burlar la ley (como ha ocurrido en los últimos años con la familia de las fenetilaminas, encabezada por el 2CB).

La droga conocida como "N-Bomb", "Legal Acid" o "Smiles" se cree que está relacionada con muertes en otras partes de los Estados Unidos, como California, Louisiana, Minnesota, Dakota del Norte y Virginia. Su fórmula química es 2C-1-NBOMe o 25INBOMe, y según afirma las autoridades del país, es extremadamente potente.

Se trata de un derivado de mezcalina pero tiene una composición química distinta. Los productores constantemente usan compuestos químicos alternativos para crear sustancias que tienen el mismo efecto en el cerebro que las sustancias ilegales. Esto dificulta que la DEA pueda dar más rápido con ellos.

Se consume por medio de la ingestión de un papel en el que se absorbe la droga, como el LSD. Se adquiere principalmente por internet y generalmente se envía desde China, en polvo para disolver.

Como el LSD, esta droga se puede absorber por la piel. La N-Bomb fue prohibida en 2012 en Virginia y más tarde en Lousiana, tras la muerte de un joven de 21 años, durante un festival de música de New Orleans.

OXI o Crack de la muerte

La versión mortal y más barata del crack azota los sectores marginales de la población brasileña y se llama OXI, que es una nueva forma de fumar base de cocaína con una inusitada letalidad entre las drogas populares.

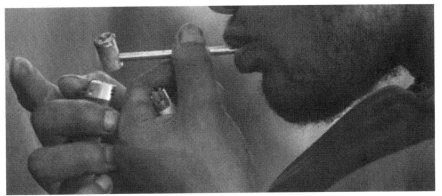

Consumo de crack

Esta sustancia es preparada combinando base de cocaína, gasolina o diesel, cal virgen, acetona, permanganato de potasio y líquido extraído de las baterías eléctricas.

Es muy barata y fácil de preparar por lo que se vende en tres dólares la roca. La costumbre de fumar Oxi empezó en la región amazónica y se ha esparcido a las favelas de ciudades como Río de Janeiro y Sao Paulo.

Según los expertos antidrogas afirman que todas las personas que la fuman mueren el primer año que la consumen. La persona que la fuma testifica que la droga dura sólo 5 minutos y ya quieres volver a fumar, pero que es el éxtasis del presente. Literalmente fumarse la vida. Se le llama "El crack de la muerte".

El terrible éxtasis

Corrientemente se acepta que el abuso de anfetaminas produce dependencia, sin embargo aún persisten controversias en el caso del éxtasis. Al respecto, los estudios en la MDMA o éxtasis, no han confirmado la presencia del síndrome de abstinencia, ni

casos de consumo compulsivo que se inscriban en los paráme-
tros de la dependencia física, aunque si existe cierta evidencia de
dependencia psicológica expresada en insomnio, decaimiento,
cansancio, irritabilidad y agresividad.

Empleo de éxtasis

Principio activo

3,4-metilenedioximetanfetamina

Características

Se necesita entre 5 a 20 segundos para experimentar el efecto.

Producción

Feniletilaminas, anfetaminas y alucinógenos (mezcalina). Es conocida como 'pepas', 'tachas', etc.

Presentación

Pastillas de diferentes colores con logos llamativos impresos en una cara de la pieza.

Efectos de la intoxicación	Efectos no deseados	Consecuencias
* Empatía * Locuacidad * Bienestar * Euforia * Desinhibición * Sensación de placer * Aceleración del pensamiento * Aceleración del ritmo cardíaco * Incremento de la temperatura corporal * Dilatación pupilar	* Ansiedad, inquietud * Irritabilidad * Insomnio * Sudoración anormal * Sed * Inapetencia * Contracción de la madíbula * Movimientos compulsivos de la lengua * Disminución de las habilidades mentales * Agresividad * Temblores y movimientos involuntarios * Fallo renal * Fallo cardíaco * Sequedad de boca * Confusión mental * Visión borrosa	* Daño en procesos cognitivos: memoria, atención * Daño en la función motora * Accidente cerebro vascular * Calambres musculares * Hipertermia * Deshidratación * Psicosis paranoide aguda * Psicosis tóxica * Flash back * Puede producirse muerte por hemorragia cerebral, hipertermia, rabdomiólisis (destrucción de las fibras musculares estriadas), insuficiencia renal y hepática agudas, edema pulmonar agudo y taquicardia

DMA (metilendioximetanfetamina) o éxtasis es una droga
sintética que atrae a los jóvenes pues tiene efectos estimulantes
y alucinógenos de los sentidos y provoca euforia, reducción de
sensación de hambre, sueño, locuacidad y desinhibición.

El éxtasis es una droga psicoactiva de origen sintético con
propiedades estimulantes y empatógenas de sabor amargo. El
éxtasis se particulariza por sus efectos empatógenos, relativos a
una sensación subjetiva de apertura emocional e identificación
afectiva con el otro.

Origen del éxtasis

Alexander Shulguin

Resulta sorprendente el alcance que ha llegado a tener un fármaco originalmente sintetizado como potencial coagulante de la sangre y patentado en 1912 por la farmacéutica Merck: la 3,4-metilenodioximetanfetamina, hoy conocida en las discotecas de todo el mundo como MDMA o éxtasis, que fue creado con fines terapéuticos y cuyos efectos perseguían resultados realmente exitosos frente a problemas de salud de alto riesgo, como el estrés post traumático, por ejemplo, pero que desvió su trayectoria en manos inescrupulosas para derivar en sustancias químicas peligrosas e ilegales.

Ese año la compañía Merck aisló accidentalmente la MDMA (3,4-metilendioximetanfeta-mina). Al no encontrarle una aplicación médica concreta, los laboratorios abandonaron su investigación, hasta que en 1953 y 1954 el ejército estadounidense retomó las investigaciones. Aunque los primeros datos biológicos sobre las mismas se publicaron hasta 1973, no fue sino hasta la década de los 80, cuando personajes como el químico estadounidense Alexander Shulguin, la trajeron de nuevo a la luz pública.

Según sus propias palabras: *"Rescaté esta sustancia por sugerencia de un amigo. La probé y escribí mucho sobre ella en las revistas médicas. Descubrí que tenía notables beneficios terapéuticos. En su momento representó la aparición de una nueva familia de agentes que permiten al individuo expresar y experimentar contenidos afectivos reprimidos por las barreras culturales."*

Alexander Shulgin, mejor conocido como Sasha y posteriormente como "el padre de los psicodélicos" (fallecido el 2 de junio de 2014), creó más de 200 sustancias partiendo desde cero, logrando en su recorrido la MDMA o "éxtasis", hasta ahora la droga más popular de todos los tiempos. Sin embargo, el MDMA nunca se llegó a utilizar como coagulante. Su patente se perdió en el olvido hasta que en 1976, Shulgin puso sus ojos en la molécula, cuando el químico se dedicaba prácticamente a tiempo completo a buscar drogas de diseño. En 1961, la multinacional para la que trabajaba, Dow Chemical, le había premiado por desarrollar el primer pesticida biodegradable, el Zectran, que fue una máquina de ganar dinero. Su recompensa fue la libertad para investigar lo que quisiera. Así empezó a intentar fabricar llaves que abrieran las puertas de la mente, publicando sus resultados incluso en revistas científicas de primer nivel, como Nature.

Shulgin descubrió muchas feniletilaminas notables como la familia 2C, de la que la 2C-E, 2C-T-2, 2C-T-7, 2C-I y 2C-B son las más conocidas. Además, Shulgin realizó un trabajo seminal describiendo la síntesis de compuestos basados en el compuesto orgánico triptamina. En 1991 y 1997, él y su esposa Ann Shulgin, escribieron los libros PiHKAL y TiHKAL sobre los psicotrópicos, que se hicieron muy famosos posteriormente.

El MDMA alcanzó gran popularidad entre la cultura *underground* californiana y entre la clientela de los clubes nocturnos. Los vendedores, en una acción de marketing, la rebautizaron con el nombre de éxtasis.

En 1985, el gobierno estadounidense declaró esta sustancia ilegal a pesar de que numerosos científicos argumentaron sobre sus propiedades para hacer aflorar pensamientos y recuerdos reprimidos.

La desviación del uso del MDMA hacia una comercialización ilícita, como negocio oscuro y nocivo, limitó el curso de mayores desarrollos de investigaciones médico-científicas para nuevos resultados, ya que provocó un intenso juego de persecución entre las autoridades y los traficantes, identificando desde entonces al éxtasis como un grave instigador para el delito.

Formas de adulteración

En España, según informes del Instituto Nacional de Toxicología (INT), la cantidad del principio activo presente en las muestras incautadas (pastillas o cápsulas de aproximadamente 300 mg), oscila entre 90 y 166 mg. Regularmente se adultera con benzodiacepinas como piracetam; también con buprenorfina, dextropropoxifeno, resina de marihuana, metilfenidato, fenmetrazina, cafeína.

Asimismo, es común que se hagan pasar por éxtasis otras sustancias similares como es el caso de la MDEA y MBDB, anfetaminas, compuestos bastantes diferentes como el DOB o sustancias prácticamente inactivas como la PMA o la PMMA.

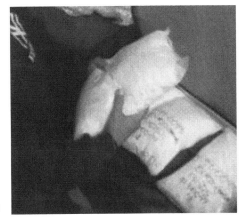

Paquetes de éxtasis

En 1982, el senador de los Estados Unidos por el estado de Texas, Lois Benzon, explicó al gobierno federal y a la Comisión de Control de Drogas acerca de los peligros del éxtasis, y amparados en la Ley de 1970 sobre sustancias y estupefacientes, declararon la prohibición de tan peligrosa droga que produce hasta la muerte.

Prohibición que expiró dos años después a pesar de que los investigadores de la DEA hicieron lo imposible para que no aplicara su eliminación. Los científicos de la época alegaron que el éxtasis seguía sirviendo para causas terapéuticas y debía continuar con las investigaciones. Pero ese mismo año de 1984, bajo la influencia de los ciudadanos norteamericanos contra el uso del éxtasis, el gobierno decide clasificarla como categoría de peligrosidad Nº 1, con elevado uso como droga sintética y casi nula su utilidad para ser usada como medicina.

Quedó completamente prohibida en los Estados Unidos. Cómo compensación al control del éxtasis, la delincuencia organizada sacó al mercado la droga LSD.

Formas de ingestión

El modo más común de ingerirla es por vía oral. Cuando se presenta en forma de píldoras, su absorción es más rápida y com-

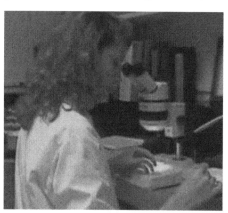

pleta si ésta se coloca debajo de la lengua; en el caso de las cápsulas, regularmente se disuelven en jugos o aguas de frutas. Un modo alternativo de tomarla es a través de la aspiración, en cuyo caso produce un efecto más inmediato aunque su duración se reduce.

Investigaciones sobre las drogas sintéticas

Los efectos comienzan a notarse entre los 20 y los 60 minutos posteriores a la ingestión, su acción máxima se presenta entre unas y dos horas después; tras lo cual disminuye progresivamente hasta desaparecer entre las cuatro y las seis horas. Al llegar al cerebro, la MDMA provoca la liberación de dopamina y noradrenalina. Estimula el Sistema Nervioso Central provocando alteraciones en la esfera emocional.

Usos terapéuticos

Se usó para unir las parejas hasta que fue prohibido.

Al estar clasificada como un entactógeno (generador de contacto intersubjetivo a niveles profundos), varios psicólogos y psiquiatras la incluyeron en sus terapias reportando excelentes resultados hasta antes de su prohibición.

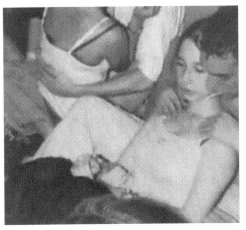

Uso conducido

Ann Shulgin

Ann Shulgin asegura que es una herramienta extraordinaria para descubrir recuerdos reprimidos.

Ann Shulgin, investigadora de sustancias psicoactivas, sostiene que es una herramienta extraordinaria para descubrir recuerdos reprimidos. Trabajó como terapeuta no profesional con sustancias psicodélicas como MDMA y 2C-B en entornos terapéuticos mientras estas drogas aún eran legales. En sus escritos destaca el potencial de estas drogas desde una perspectiva psicoanalítica junguiana, así como su uso en combinación con hipnoterapia. A menudo aparece como oradora en convenciones y ha seguido defendiendo el uso de psicodélicos en contextos terapéuticos.

Dr. Lester Grinspoon

El Dr. Lester Grinspoon, profesor de psiquiatría en Harvard, dijo que la droga ayuda a la gente a ponerse en relación con sentimientos habitualmente no disponibles. Su obra más famosa es Marijuana Reconsidered, que publicó por primera vez con Harvard University Press en 1971. Como su título indica, el libro abarca el cambio de opinión de Grinspoon hacia el cannabis, producido por su investigación.

Inició su investigación sobre el cannabis en 1967, con el objetivo de entender mejor los peligros de la droga; sin embargo, una vez que comenzó a revisar la literatura y los estudios existentes, su opinión cambió.

Muy pronto descubrió que la mayoría de sus opiniones sobre la marihuana se basaban en información falsa. De hecho, el Dr. Grinspoon llegó a decir que le habían "lavado el cerebro" para que pensara que el cannabis era peligroso a pesar de su formación como científico, investigador y académico.

El psiquiatra Gregory Greer, definió la terapia con esta droga como un modo de explorar sentimientos sin alterar percepciones, sugiriendo que incrementa la propia estima y facilita una comunicación más directa entre personas reunidas por algún vínculo, por lo que uno de sus mejores campos de acción está en el de parejas que se quieren conocer a sí mismas para desarrollar su personalidad.

Gregory Greer consejero de adicciones con licencia (LAC), un trabajador social maestro con licencia (LMSW), un psicoterapeuta de grupo certificado (CGP) y miembro clínico de la Asociación Estadounidense de Psicoterapia de Grupo. Greg afirma que *"la psicoterapia de grupo permite abordar los problemas subyacentes que nos mantienen a nosotros, a nuestra familia y amigos en cautiverio; y frena nuestro crecimiento espiritual que nos disuade de experimentar la vida y nuestras relaciones al máximo"*.

Gregory Greer

Efectos del éxtasis

Físicos:

Energía, alta sensibilidad y reducción de la ansiedad al contacto físico, mayor tolerancia a la fatiga, taquicardia, arritmia e hipertensión, pérdida del apetito, sequedad de boca, sudoración, deshidratación, hipertermia, sobrestimación (aumento del estado de alerta, insomnio). En altas dosis produce náuseas, vómitos, temblores, hiperactividad motora, escalofríos y deshidratación severa; pueden experimentarse problemas cardíacos o una insuficiencia renal aguda, que podrían provocar la muerte.

Psicológicos:

Ansiedad, irritabilidad, sensación de euforia, estado de placer, sensación de empatía con los demás, locuacidad, omnipotencia. Dosis elevadas pueden producir ansiedad, pánico, confusión, insomnio, psicosis y fuertes alucinaciones visuales o auditivas.

Cuando estas sensaciones decaen, sobreviene agotamiento, fatiga, inquietud y depresión, estados que pueden durar varios días. Dado el alto número de personas que se supone ha empleado éxtasis en las últimas décadas, esta droga puede provocar abuso y dependencia.

Sus peligros

Altas dosis pueden causar agitación, convulsiones, deshidratación, vómitos y alucinaciones. El éxtasis afecta la producción interna del neurotransmisor serotonina, uno de los mecanismos a través de los cuales se regula la temperatura corporal, por lo cual, cuando los efectos del éxtasis son combinados con una actividad física como el baile, el usuario puede experimentar un descontrol de la temperatura corporal y sufrir lo que se conoce con el nombre de "golpe de calor" y deshidratarse.

Para poder combatir la deshidratación y rehidratar el cuerpo, las personas necesitan regular la cantidad de líquidos que consumen. Sin embargo, se estima que el éxtasis también tiene la capacidad de distorsionar la habilidad del cerebro para saber cuando una persona ha tomado suficiente líquido.

Es por esto que el consumo excesivo de agua puede causar también una distorsión en la estructura celular con posterior muerte de células en algunos casos. Muchos órganos vitales como el hígado, corazón, pulmones y cerebro son especialmente susceptibles a esta distorsión de la estructura celular.

Por estas razones los usuarios de éxtasis en fiestas Rave y Dance deben consumir agua regularmente para reponer los fluidos perdidos a través de la transpiración (aproximadamente medio litro por hora y no más).

El éxtasis puede en algunos casos llegar a producir un "efecto resaca" al otro día de haberlo consumido. Algunos síntomas pueden incluir: dolores musculares, pérdida de apetito, insomnio, falta de concentración y depresión.

El éxtasis no genera dependencia física, sin embargo, esto no excluye que su consumo se pueda tornar problemático para la vida de quienes lo toman en forma habitual y sistemática.

El primario LSD

Empleo de LSD

Principio activo

Dietilamida del Ácido Lisérgico

Características

Es una sustancia cristalina, incolora y soluble en agua. Se consume por vía oral y tópica. Los efectos se inician al cabo de 30 a 90 minutos, con una duración promedio de 12 horas.

Producción

Se trata de un preparado semisintético derivado del cornezuelo de centeno. Se le conoce como 'ácido', 'trip'. etc.

Presentación

Tabletas, cápsulas, tiras de gelatina, papel secante, etc. En la actualidad su distribución suele ser a modo de hojas de papel secante impresas de la droga, decorados con diversos motivos, adquiriendo un aspecto de sello o calcomanía.

Efectos de la intoxicación	Efectos no deseados	Consecuencias
• Incremento de la agudeza sensorial • Experiencias místicas o emocionales • Profundo sentimiento de alegría, paz y unión con los demás • Alteración de las distancias y de la imagen corporal (despersonalización) • Dificultad de concentración, de control del pensamiento y de la memoria • Fluctuaciones del humor	• Reducción de la coordinación muscular y la percepción del dolor • Fotofobia • Sudoración • Rubor facial • Sequedad de boca • Somnolencia • Aumento de la temperatura corporal, de la tensión arterial y del ritmo cardíaco	• Alucinaciones que pueden conllevar alto riesgo • Depresión y ansiedad crónica • Psicosis • Paranoia • Déficit en los procesos cognitivos como memoria, concentración y capacidad de hilar pensamiento • Inapetencia

Debido a que el LSD se acumula en el cuerpo, los consumidores desarrollan una tolerancia a la droga. En otras palabras, algunos usuarios habituales tienen que tomarla en dosis cada vez mayores para lograr un 'viaje'. Esto agrava los efectos físicos e incrementa el riesgo de tener un 'mal viaje' que a su vez puede resultar en grados de psicosis.

La dietilamida de ácido lisérgico, LSD o LSD-25, es una droga psicodélica semisintética de la familia de la ergolina. Es una de las sustancias psicodélicas más conocidas y potentes. Induce estados alterados de conciencia, comparados en ocasiones con los de la esquizofrenia o la experiencia mística.

Bajo la influencia de los alucinógenos, las personas ven imágenes, oyen sonidos y sienten sensaciones que parecen reales pero que no lo son. Algunos alucinógenos también producen cambios emocionales rápidos e intensos.

Entre las sustancias químicas que alteran el estado de ánimo, la LSD es una de las más potentes. Descubierta en 1938, se fabrica a partir del ácido lisérgico encontrado en el cornezuelo, un hongo que crece en el centeno y otros cereales.

Esta droga fue utilizada por científicos y psiquiatras para sus experimentos con enfermos esquizofrénicos, pero pronto, en los años 50, pasó al dominio público rápidamente.

Tres fueron las razones de este éxito: la primera, su alta actividad, ya reseñada; la segunda, la facilidad de disimular un líquido incoloro, inodoro e insípido, como son los preparados de LSD, pudiéndose depositar algunas gotas en terrones de azúcar, agua, papel secante, u otros soportes anodinos pasando inadvertidos; la tercera razón, es la facilidad relativa de su síntesis clandestina, a partir del ácido lisérgico en laboratorios farmacéuticos.

Es actualmente uno de los químicos psicoactivos con mayor potencial para alterar la conciencia. Es la droga alucinógena por excelencia.

Formas de consumo

Si bien el LSD se puede presentar de diversas formas, siempre es consumido oralmente, como dijimos, ubicando el cartón o sello contra el paladar y manteniéndolo en esta posición. Una dosis común de LSD (la que se encuentra en un "cartoncito") está entre los 50 y los 150 miligramos. Una dosis fuerte se podría considerar aquella entre los 150 y los 400 miligramos.

Por lo general, dosis de entre 25 y 75 microgramos son suficientes para causar alucinaciones (en promedio 1 microgramo por kg de peso).

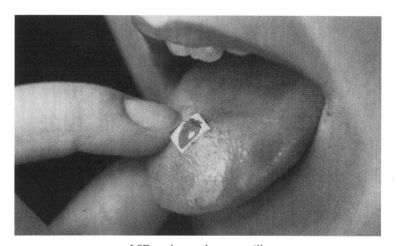

LSD en forma de estampilla

Efectos

Los efectos del LSD (y de todas las drogas, tanto legales como ilegales) dependen de la interrelación de los siguientes factores:

- Las características de la sustancia y la forma en que la consumas.

- Tus características personales: personalidad, peso, edad, estado de salud y de ánimo, así como tu experiencia pasada como consumidor de la droga en cuestión.

- Las circunstancias en las cuales consumes la droga: (compañía, lugar, legalidad).

- Los efectos generados por el LSD sobre el Sistema Nervioso Central son predominantemente alucinatorios y pueden durar de 3 a 12 horas.

El potencial alucinógeno de esta sustancia provoca distorsiones perceptivas, entre ellas una mayor sensibilidad y apreciación a través de los sentidos: tacto, vista, oído, olfato y gusto.

También genera cambios en la percepción del tiempo, cambios en el estado de ánimo, desbloqueo de recuerdos reprimidos y una expansión de conciencia que generalmente es vivida como una pérdida de las fronteras del yo. No genera dependencia física.

Peligros

Los efectos de la LSD son impredecibles. Dependen de la cantidad ingerida; de la personalidad, estado de ánimo y expectativas del usuario; y del ambiente en el que se usa la droga. Por lo general, el usuario siente los primeros efectos de la droga de 30 a 90 minutos después de tomarla. Los efectos físicos incluyen dilatación de las pupilas, sudoración, falta de apetito, insomnio, sequedad en la boca, temblores y aumento de la temperatura corporal, frecuencia cardíaca y presión arterial.

Las sensaciones y los sentimientos cambian de forma mucho más drástica que las señales físicas. Es posible que el usuario sienta varias emociones diferentes a la vez o que pase rápidamente de una emoción a otra.

Si se toma en una dosis suficientemente alta, la droga produce delirio y alucinaciones visuales. El sentido del tiempo y el de sí mismo cambian en el usuario. Las sensaciones parecen "cruzarse", dando al usuario la impresión de oír los colores y ver los sonidos. Estos cambios pueden ser atemorizantes, causándole pánico al usuario.

Los usuarios le dan el nombre de "viaje" a su experiencia con la LSD y le llaman "mal viaje" a las reacciones adversas agudas. Estas experiencias son prolongadas y por lo general empiezan a desaparecer al cabo de unas 12 horas.

Algunas personas que usan LSD sufren pensamientos y sensaciones sumamente aterrorizantes, tienen miedo de perder el control, de volverse locos y de la muerte, y se sienten angustiados. Han ocurrido algunos accidentes mortales durante estados de intoxicación con LSD.

Muchos usuarios de LSD padecen de *"flashbacks"* o *"déjà vu"*, es decir, recurrencias de ciertos aspectos de sus experiencias, sin haber ingerido nuevamente la droga. Un *"flashback"* sucede súbitamente, sin previo aviso y puede ocurrir desde unos días hasta un año después de haber usado LSD.

Los *"flashbacks"* generalmente ocurren en personas que usan alucinógenos en forma crónica o que tienen trastornos mentales subyacentes. Sin embargo, a veces hay personas que no tienen problemas de salud adicionales y que usan LSD ocasionalmente que también tienen *"flashbacks"*. Los *"viajes malos"* y los *"flashbacks"* son sólo parte de los riesgos de usar LSD.

Los usuarios de LSD pueden manifestar síntomas persistentes parecidos a los de la esquizofrenia o la depresión aguda. Es difícil determinar el alcance y el mecanismo de acción de la LSD con relación a estas enfermedades.

La mayoría de los usuarios de LSD disminuyen o abandonan voluntariamente su uso con el transcurso del tiempo. La LSD no se considera una droga adictiva, ya que no causa un comportamiento compulsivo tendiente a la búsqueda de la droga, como sucede con la cocaína, las anfetaminas, la heroína, el alcohol y la nicotina. Sin embargo, al igual que muchas de las drogas adictivas, la LSD produce tolerancia, de manera que algunas personas que usan la droga repetidamente deben tomar dosis cada vez más fuertes para lograr el mismo estado de intoxicación que lograban anteriormente. Dada la naturaleza impredecible de la droga, esta práctica es sumamente peligrosa.

La Ketamina

Empleo de ketamina

Principio activo

Hidrocloruro de ketamina C13H16CINO-HCL

Características

Es un derivado de la fenciclidina (PCP), se consume de forma oral, inyectada e inhalada. Sus efectos aparecen en minutos y duran menos de 1 hora.

Producción

Es usada como anestésico en medicina humana y veterinaria. Es conocida como 'coqueta', 'K', 'special' y 'Vitamina K'.

Presentación

Líquido incoloro e inodoro. Otras formas de presentación son polvo, cristales blancos, pastillas o cápsulas.

Efectos de la intoxicación	Efectos no deseados	Consecuencias
* Dificultad para reconocer lo que pasa alrededor * Sedación * Alucinaciones visuales * Ansiedad * Efecto disociativo: sensación de separación entre el cuerpo y la mente * Trastornos de ansiedad * Paranoias	* Potente efecto analgésico * A dosis bajas, incremento del ritmo cardíaco, presión arterial y sanguínea, con disminución de la frecuencia respiratoria * A dosis intermedia, incremento de los efectos descritos, se conserva la relación con el entorno y hay conciencia del yo, tiempo y espacio * A dosis altas, suele provocar náuseas, vómito, mareos y dolor de cabeza.	* Trastornos de ansiedad * Insomnio * Problemas estomacales y de micción * Crisis de pánico * Déficits de memoria y concentración * Ideación suicida * Dificultades en el habla * Flash back (retorno de la sintomatología del consumo sin haber ingerido la droga) * Daño cerebral

Es la droga cuya euforia inicial (similar a la que produce la cocaína) actúa entre los 20 y 30 minutos después de ingerirla. A unos los mata y a otros los hace millonarios, pero de forma ilegal.

El primero y más grande estudio longitudinal de usuarios de ketamina desarrollado por Morgan, Muetzelfeldt y Curran

(2009), encontró que los pacientes que consumían grandes dosis de ketamina presentaban deterioro mental en el área cognitiva, principalmente a nivel de la memoria, afectando la memoria verbal, a corto plazo y la memoria visual.

La ketamina es la droga elegida por una nueva generación. Es barata, fácil de conseguir y muy potente. La versatilidad de este narcótico del siglo XXI lo hace popular tanto en las fiestas como en la intimidad del hogar.

Fue creada en 1965 como sedante para los soldados que fueron a la guerra, y en los últimos cinco años por medio de experiencias de contrabandistas en la India, narcotraficantes en Estados Unidos, policías en Canadá y por opiniones de adictos, hoy pagan hasta 150 dólares por 1 gramo y medio, un alto precio por la adicción, donde pueden utilizar hasta alcanzar unas cuatro pinchadas de la droga.

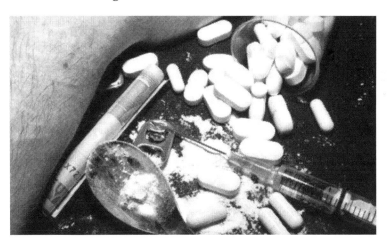

La ketamina es una de las drogas más peligrosas del mundo

Su compra y venta se efectúa a través de mensajes de texto o por correos vía Internet, con direcciones falsas, muchas veces de bares, discotecas o casas abandonadas. Ya que esto da más seguridad para no ser detectados por los cuerpos policiales.

En los últimos años se viene observando cómo ha aumentado el tráfico y consumo de estas drogas en ciudades de Canadá, como por ejemplo Vancouver.

La India es el segundo productor del mundo de la Ketamina. Desde dicho país se transporta por los caminos negros del tráfico de drogas hacia otros países donde la adquieren a altos precios, utilizando para ello envases etiquetados como tinte para el cabello. Hay traficantes individuales que ganan hasta 50 mil dólares al mes por la venta de Ketamina.

En Toronto, Canadá, existe un grupo de jóvenes voluntarios llamados *The Trip Team*, que se ocupan de alertar y distribuir propaganda orientadora contra el uso y abuso de los efectos secundarios de la Ketamina. Están alerta en discotecas y salones de fiestas "regan". Si se presenta una sobredosis llaman a los equipos de emergencia para asistirlos. Estos voluntarios no consumen drogas, a pesar de que en el pasado hayan consumido.

Sólo en la provincia de Ontario mueren más de 99 jóvenes que consumen Ketamina y otras drogas ilegales, sobre todo se presenta la intoxicación en discotecas y salas de fiestas. Esta droga es la reina de las noches de Canadá. El éxtasis y MBA están en segundo lugar.

Puedo decir que los efectos del consumo de Ketamina suelen durar de 2 a 4 horas, en función de la dosis y de la vía de administración. A pesar de actuar como depresor del sistema nervioso central, el consumo de dosis bajas o medias, puede producir sensación de estimulación, de la misma manera que lo provoca el consumo de alcohol y otros depresores, así como desinhibición.

Actúa también sobre la percepción sensorial, amplificándola. A dosis altas, produce experiencias de tipo psicodélico y afloran sus efectos disociativos característicos donde la mente parece separarse del cuerpo.

Los riesgos asociados al consumo de ketamina son: ansiedad, ataques de pánico, mareos, distorsiones del pensamiento, confusión e ideas delirantes. De la misma manera, su uso está especialmente contraindicado a personas con trastornos psiquiátricos o desequilibrios afectivos y emocionales.

La notable pérdida de consciencia y capacidad de movimiento, asociada a ciertos consumos de ketamina, ha provocado que algunas personas se hayan encontrado en situaciones desagradables después de haber perdido el control de sus actos –como haber mantenido una relación sexual sin haberlo deseado.

BZD

La BZD (benzodiacepina), que tiene efectos hipnóticos, anti-convulsivos y amnésicos; el medicamento Diazepam, de venta con prescripción médica, pertenece a ésta categoría. También es muy usado el *clorhidrato de metanfeina*, bajo la forma de cristales parecidos al hielo, el cual es un estimulante adictivo que reduce el apetito, alivia la fatiga y mejora el rendimiento en tareas simples.

Psicofármacos: benzodiacepinas

Clasificación de las benzodiacepinas
según su vida media

Acción corta (<6h)
Bentazepam......... 25mg/8h
Brotizolam..........0,25-0,5mg/d
Midazolam..........7,5-15mg/d
Triazolam........... 0,125-0,25mg/d

Acción intemedia (6-24h)
Alprazolam......... 0,25-0,5mg/8h
Flunitracepam.... 0,5-1mg/d
Loprazolam........ 1mg/d
Lorazepam......... 2,6mg/d ó 1-2mg/8-12h
Lormetazepam... 1-2mg/d
Oxazepam......... 15-30mg/d ó 10-30mg/6-8h

Acción prolongada (<24h)
Clobazam.......... 20-30mg/d ó 10-15mg/12h
Cloracepato....... 15-30mg/d ó 5-15mg/12h
Diazepam.......... 5-10mg/d ó 2-10mg/12h
Flurazepam........ 15-30mg/d
Halazepam........ 20-40mg/8-24h

Polvo de ángel

El Polvo de ángel (Pcp o fenciclidina) que causa pérdida sensorial, es un polvo blanco cristalino que se disuelve rápidamente en agua o alcohol y se inyecta o se fuma con diversas mezclas.

LSD de origen semi-sintético es una sustancia de acción poderosa que altera el funcionamiento del cerebro; además de intensificar las imágenes, provoca alucinaciones que modifican la forma de percibir el mundo.

Gus Ridley, "el cannabuelo", protagonista de "A Stoner's Life", empezó a fumar marihuana en 1936, según la Oficina de las Naciones Unidas contra la Droga y el Delito, "Drug use in Afghanistan: survey–executive summary", junio de 2015.

Gustave George Ridle
1908-2001

Aunque es posible que exista un fumador de marihuana más longevo que Ridley, por el momento, públicamente, se llevó el título que para algunos sería todo un honor. Un triste honor…

Fentanilo

El fentanilo es un opioide 50 veces más potente que la heroína. En el negocio inescrupuloso de las drogas, la mezcla de ambos resulta altamente rentable, aún a costa de los mortales efectos que puede tener.

Desde enero del 2019 hasta el 16 de septiembre de este año, el fentanilo ha sido la droga que registra el mayor incremento histórico en Norteamérica.

Según las autoridades mexicanas, en dicho periodo, el aseguramiento de droga, exceptuando sólo el caso de la heroína que decayó un 9%, se ha incrementado. Pero resulta el fentanilo la droga con el mayor incremento en cuanto a su aseguramiento por parte de las fuerzas de seguridad de la Federación, con un alza del 465%; seguido de la goma de opio con 238%, la cocaína y la metanfetamina subieron 46 y 32.8 por ciento respectivamente; mientras que la marihuana subió 30 por ciento.

En menos de un año –enero 2019 al 16 de septiembre 2020–, el aseguramiento de fentanilo, la adictiva droga sintética que hasta antes del 2013 no figuraba en el mapa de las autoridades en el combate al narcotráfico, se incrementó en más de un 400%.

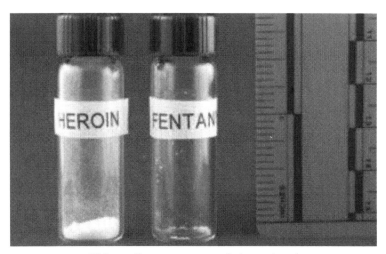

El fentanilo a veces es mezclado con heroína

La evidencia del significativo incremento que se ha tenido de esta droga, en los últimos meses se correlaciona con la creciente preocupación de las autoridades de Estados Unidos, en cuanto al aumento de las operaciones y la incursión de más organizaciones delictivas transnacionales en el tráfico de este letal analgésico, que junto al consumo de otras drogas sintéticas causó la muerte por sobredosis de al menos 72 mil personas en 2017 en Estados Unidos, de acuerdo con el Centro para el Control de las Enfermedades (CDC por sus siglas en inglés). Por lo cual es considerada una emergencia nacional con dimensiones críticas por el gobierno de ese país.

De las cinco rutas se tienen identificadas para el trasiego de este narcótico sintético hacia el mercado estadounidense, dos tiene conexión directa con México: la ruta de China, México, Estados Unidos; y la de India, México y Estados Unidos. Siendo principalmente las costas del Pacífico, en los puertos de Manzanillo y Lázaro Cárdenas los puntos centrales donde se focaliza su aseguramiento.

El tráfico de fentanilo ha resultado sumamente redituable para los cárteles, debido a que se trata de una droga muy adictiva, que requiere una mínima inversión, así como un menor tiempo para su elaboración, resulta fácil de ocultar y se mezcla con otras drogas. Pero las ganancias en comparación con otras drogas es notablemente superior, pues alcanza un precio de hasta 400 dólares, alrededor de unos ocho millones 300 mil pesos, el kilogramo, mientras que una sola pastilla está valuada en unos 420 pesos, y una ampolleta con media dosis en alrededor de 210 pesos.

Un testimonio, quién prefirió el anonimato, nos relató que al mezclarlos se debe mantener un equilibrio entre hacer ganancias y no "matar" al cliente, es decir, que se juega con el riesgo de la muerte sin temer a las consecuencias.

La persona mezcla primero una cantidad de heroína con un laxante, que requiere de una inversión aproximada de $700, le agrega 1 gr de fentanilo, sumando otros $100, completando un costo total de $850. De acuerdo a su relato, la venta final del producto obtenido resulta por $2.600.

Cocaína

En 2017 se produjeron 27.509 kg de cocaína pura (201 toneladas), un incremento del 25 % con relación a 2016.

En el puerto de Buenaventura, Colombia, los niños de 10 años son contratados para ganar 100 mil pesos ($31,88) al día, para servir de informantes y "utilities" en el negocio del tráfico de drogas, haciendo que crezcan, deseando ser narcotraficantes en su futuro.

82 mil familias colombianas dependen de la coca para sobrevivir, utilizando la industria manufacturera.

Una producción de 6 sacos de cocaína diarios con un valor de 50 mil pesos por cada saco contentivo de 5 arrobas (10 pesos por arrobas), genera 300 mil pesos ($90).

Se necesita cerca de 1 tonelada de hojas de coca para producir 1 kg de cocaína, y por ellas se les paga a las granjas $500. Esto no ha variado en muchos años.

En EE.UU. 56 kg de cocaína representan $1.5 millones al por mayor y $4.6 millones en las calles. En Japón puede costar más del doble. Se estima que los cárteles generan un promedio de $24 mil millones al año, sólo por sus ventas en Estados Unidos.

En Colombia un kg de cocaína vale $2.500 y ya en Manzanillo, México, cuesta 12 y 14 mil dólares. El riesgo que implica el transporte incrementa su valor. En Sinaloa alcanza los $17 mil y en California $26 mil.

Primeras Convenciones y Tratados Internacionales contra el Uso Indebido de las Drogas

A principios del siglo XX (1909), Estados Unidos organizó en Shanghái una reunión internacional sobre el comercio de opio, con la finalidad de regular y dominar el mercado mundial de la sustancia.

Sin embargo, las recomendaciones más importantes sólo pedían que *"los gobiernos tomasen medidas para la gradual supresión del opio fumado"* y que *"las naciones no exportaran opio a naciones cuyas leyes prohibieran la importación"*.

Entre 1911 y 1914, sucesivas Conferencias de La Haya llevaron a 44 países a firmar el compromiso de "esforzarse" por controlar el tráfico interno de heroína y cocaína. Posteriormente, terminada la primera guerra mundial, se incorporó el Convenio de La Haya en el tratado de Versalles (1919), que fue firmado por casi todos los países.

Más tarde, durante el transcurso de la primera Asamblea de la Liga de las Naciones, en 19 de febrero de 1925, se suscribió la Segunda Convención Internacional sobre Opio en Viena. En este convenio, además de restringir el tráfico del opio, morfina y cocaína, también se incluyó el cannabis como sustancia ilícita.

El tabaco y el alcohol no entraron en la prohibición. Posteriores convenciones realizadas en Ginebra (1931 y 1936) introdujeron la petición de imponer severas penas para los traficantes de drogas ilícitas.

La creación de la Organización Mundial de Salud (OMS) en 1946 también contribuyó a la unificación de la visión del tema. Este período fue uno de los más tranquilos y la importancia del consumo de drogas se redujo a escala mundial.

Con el objetivo de modernizar y unificar los tratados internacionales sobre sustancias restringidas, fue firmada en Nueva York la Convención Única sobre estupefacientes de 1961.

En este convenio se reconoce la necesidad de la utilización de las drogas con fines médicos y también de controlar el uso de estas sustancias, debido a la gravedad de las toxicomanías en el orden personal del consumidor y de su peligro social para la humanidad. Fue la primera vez en listar las sustancias prohibidas y de uso restringido.

La Convención Única de 1961 sobre Estupefacientes estaba encaminada a limitar exclusivamente a fines médicos y científicos, la producción, distribución, posesión, uso y comercio de drogas, y a obligar a los Estados partes a adoptar medidas especiales en relación con drogas concretas, como la heroína.

En el Protocolo de 1972 de la Convención se hizo hincapié en la necesidad de que los toxicómanos recibieran tratamiento y rehabilitación. Llegaron a ser 183 los estados participantes de la Convención.

Diez años después (1971) bajo los auspicios de Naciones Unidas y con el objetivo de actualizar las reglas al respecto y debido al nítido aumento del consumo mundial, fue celebrada en Viena la Conferencia Sobre Sustancias Psicotrópicas.

El convenio firmado en el encuentro dictaba normas tendentes a controlar y fiscalizar la producción y distribución de los fármacos. Además regulaba también el comercio internacional de las sustancias, establecía medidas de prevención al uso indebido, así como contra su tráfico ilícito.

El Convenio sobre Sustancias Psicotrópicas de 1971 estableció un sistema de fiscalización internacional de las sustancias psicotrópicas. Este tratado, aprobado en respuesta a la diversificación y expansión de la gama de drogas, introdujo también controles sobre ciertas drogas sintéticas.

Por fin, en 1988, se realizó en Viena la Convención de las Naciones Unidas contra el Tráfico Ilícito de Estupefacientes y Sustancias Psicotrópicas.

Además de contener las listas de sustancias, nuevas y severas directrices con respecto del delito de tráfico de drogas, la nueva Convención innova al traer reglas con respecto del control de las sustancias precursoras y acerca del blanqueo de capitales.

Esa Convención es el marco principal de cooperación internacional en la lucha contra el tráfico de drogas, pues prevé la localización, el embargo preventivo y la confiscación de ingresos y propiedades procedentes del tráfico de drogas, la extradición de traficantes de drogas y la ejecución en el extranjero de trámites procesales en materia penal. Los Estados partes se comprometen a eliminar o reducir la demanda de drogas.

La iniciativa internacional acerca del tema ha sido la Asamblea General Extraordinaria de la ONU sobre drogas, de 1998, en Nueva York. En ese encuentro fueron tratados seis puntos principales: reducción de la demanda, eliminación de cultivos, lavado de dinero, precursores químicos, drogas de síntesis y cooperación judicial.

Lo más destacable surgió justamente en la iniciativa de destinar esfuerzos a frenar el aumento de la demanda por drogas, centrando la actuación de los gobiernos también en la prevención al consumo.

La Comisión Interamericana para el Control del Abuso de Drogas (CICAD) en su Reglamento Modelo sobre delitos de lavado relacionados con el tráfico ilícito de drogas y otros delitos graves, incluye las modificaciones introducidas por el Grupo de Expertos para el Control de Lavado de Activos; en Chile, en octubre de 1997; en Estados Unidos de América, en mayo de 1998; en Argentina, en octubre de 1988; en México en julio de 2002; en Estados Unidos de América, en julio de 2004 y en, Colombia, en noviembre de 2005, y aprobadas por la CICAD en el vigésimo segundo período ordinario de sesiones llevado a cabo en Perú en noviembre de 1997, en el vigésimo quinto período ordinario de sesiones celebrado en Estados Unidos de América, en mayo de 1999, en el trigésimo segundo período ordinario de sesiones celebrado en México en diciembre de 2002, en el trigésimo cuarto período de sesiones celebrado en Canadá en noviembre de 2003, en el trigésimo sexto período ordinario de sesiones celebrado en Estados Unidos de América en diciembre de 2004 y en el trigésimo octavo período ordinario de sesiones celebrado en Estados Unidos de América en diciembre de 2005.

Entre otros instrumentos internacionales están por ejemplo:

- Convenio sobre Sustancias Psicotrópicas (1971).

- Convención Interamericana sobre Asistencia Mutua en Materia Penal (1992).

- Convención Interamericana Contra la Corrupción (1996).

- Ley Aprobatoria de la Convención de las Naciones Unidas Contra la Corrupción. Adoptada por la Asamblea General de las Naciones Unidas, en Nueva York, Estados Unidos de América, el 31 de octubre de 2003.

- Convención Interamericana Contra la Fabricación y el Tráfico Ilícitos de Armas de Fuego, Municiones, Explosivos y otros materiales relacionados (1997).

- Convención de las Naciones Unidas contra la Delincuencia Organizada Transnacional (2000).

- Plan de Acción de la Comunidad Andina, Decisión 505, 2003.

- Estatuto y Plan de Acción de la CICAD/OEA, 1998.

- Las Naciones Unidas y la Fiscalización del Uso Indebido de Drogas, Nueva York, publicaciones de las Naciones Unidas, 1992.

Debido a las iniciativas internacionales, gran parte de los países actualizó sus legislaciones internas en los últimos años para modernizar sus sistemas legales y adecuarlos a las nuevas directrices.

Como se observa, el consumo de drogas y el contexto, la frecuencia, los motivos y formas en que son consumidas, han cambiado mucho. Por otro lado, la lucha contra la droga no es tan antigua y los resultados de las estrategias empleadas son todavía dudosos. Por tal razón deben continuar siendo de gran importancia la celebración de las Convenciones Internacionales contra el

Uso Indebido de las Drogas. Muestra de ello se encuentra en los recientes informes que realizan, por ejemplo, las Naciones Unidas.

Sugerencias contra las drogas ilegales

Son múltiples las conclusiones y recomendaciones a las cuales podríamos llegar para prevenir el uso y abuso de las drogas en el mundo. Creo particularmente que lo esencial para prevenirlas y contrarrestarlas se basa fundamentalmente en los siguientes puntos:

1. Terminar con la criminalización, la marginalización y la estigmatización de las personas que usan drogas pero que no hacen ningún daño a otros.

2. Ofrecer servicios de salud y tratamiento a los que los necesiten. Asegurar que esté disponible una variedad de modalidades de tratamiento, incluyendo no sólo los que son administrados con metadona y buprenorina, sino también programas de tratamiento asistido con heroína que han probado ser exitosos en muchos países europeos y en Canadá.

3. Implementar programas de intercambio de jeringas y otras medidas de reducción de daños, que han probado su efectividad en reducir la transmisión del VIH y otras infecciones de transmisión sanguínea, así como las muertes por sobredosis.

4. Respetar los derechos humanos de las personas que usan drogas. Abolir las prácticas abusivas llevadas a cabo en nombre del tratamiento (tales como la internación forzada, los trabajos forzados, y los abusos físicos o psicológicos) que contravienen los principios y normas de derechos humanos o que eliminan el derecho a la autodeterminación.

5. Aplicar en gran medida los mismos principios y políticas antes expuestos a las personas involucradas en los segmentos

inferiores de los mercados ilegales de drogas, tales como campesinos, correos, y pequeños vendedores. Muchos de ellos han sido víctimas de violencia e intimidación o son dependientes de drogas. Arrestar y encarcelar decenas de millones de estas personas en las recientes décadas ha llenado las prisiones y destruido vidas y familias, sin por ello reducir la disponibilidad de drogas ilegales o el poder de las organizaciones criminales.

6. Focalizar las acciones represivas en las organizaciones criminales violentas, para de esta manera, socavar su poder y su alcance, mientras se da prioridad a la reducción de la violencia y la intimidación.

7. Los esfuerzos para imponer el cumplimiento de la ley no sólo debieran focalizarse en reducir los mercados de drogas per se, sino más bien en reducir sus daños en los individuos, las comunidades y en la seguridad nacional.

8. Invertir en actividades que puedan evitar preventivamente en primer lugar que las personas jóvenes usen drogas y a la vez que los que las usan desarrollen problemas más serios.

9. Evitar mensajes simplistas al estilo de "sólo di que no" y políticas de "tolerancia cero", y alentar los esfuerzos educativos asentados en información creíble y en programas preventivos que focalicen en las habilidades sociales y la influencia de los pares. Los esfuerzos preventivos más exitosos son aquellos dirigidos a grupos específicos en riesgo.

10. Comenzar con la transformación del régimen mundial de prohibición de drogas.

11. Reemplazar las políticas y las estrategias de drogas orientadas por la ideología y la conveniencia de la política, por programas económicos responsables, con estrategias basadas en la ciencia, la salud, la seguridad y los derechos humanos, y adoptar criterios apropiados para su evaluación.

12. Revisar la clasificación de drogas que ha resultado en obvias anomalías como la defectuosa categorización del cannabis, la hoja de coca y el MDMA (éxtasis).

13. Asegurar que las convenciones internacionales sean interpretadas y/o revisadas para adaptarlas a una sólida experimentación con la reducción de daños, la descriminalización y las políticas de regulación legal, y por último, romper definitivamente con el tabú acerca del debate y la reformas, dedicándose de lleno a actuar a tiempo completo en erradicar esta problemática, que sin lugar a dudas es el cáncer de los pueblos.

Ante todo esto, queda claro que una de las mayores ventajas que tiene la delincuencia organizada es la coordinación y cooperación que se desarrolla entre las organizaciones criminales transnacionales, que los ha llevado a aprovechar vacíos legales o diversidad de precursores químicos que puedan ser intercambiables para vulnerar sistemáticamente cada uno de los sistemas de seguridad de nuestros países. Es por ello que debemos aprovechar los lazos de cooperación entre las naciones a fin de facilitar el intercambio de información bajo un esquema de confianza, que permita la desarticulación de organizaciones criminales transnacionales dedicadas al tráfico de sustancias químicas, drogas sintéticas, así como de su producción y distribución.

Mayor control

Para el combate a la producción y tráfico de drogas, específicamente a las drogas sintéticas, se requiere supervisar y reforzar las áreas pertenecientes a las instituciones que conforman el sistema de control y de salud gubernamental, con trabajos especializados en prevención y tratamiento de adicciones, así como aquellas que tutelan el problema de las drogas como un gran negocio.

Asimismo es necesario revisar la infraestructura, los recursos humanos e institucionales, para establecer la capacidad de respuesta a esta problemática, como a la demanda por la adicción al consumo de drogas sintéticas.

La atención del adicto requiere de personal especializado del área de salud para su atención y rehabilitación y, por otra parte, de las instituciones que repriman drásticamente el tráfico de drogas, para así lograr instrumentar el estudio cuantitativo y cualitativo de los grupos vulnerables al problema.

Dentro del marco jurídico es necesaria la inclusión de mecanismos flexibles para su modificación, que permita generar una dinámica ágil de revisión y reforma para dar una respuesta expedita y oportuna a las instancias de administración de justicia.

El control administrativo juega un papel preponderante, ya que a través de las autoridades sanitarias, dentro de sus atribuciones o facultades, vigilan la cadena de comercialización de las sustancias químicas fiscalizadas, implementando mecanismos de supervisión y seguimiento desde la importación hasta la venta final, todo en un marco reglamentario o normativo maleable con el fin de realizar modificaciones de acuerdo a la evolución delictiva.

Es primario el análisis de la incidencia delictiva para obtener herramientas indispensables en la detección de nuevos patrones de conducta criminal, la detección de modalidades de elaboración de drogas sintéticas, precursores químicos y químicos esenciales, campos de acción del área de inteligencia.

Se debe aumentar las herramientas necesarias para las labores de inteligencia, donde las bases de datos sean alimentadas y supervisadas por las instancias gubernamentales responsables de emitir las autorizaciones para la importación y exportación de sustancias químicas, precursores químicos y químicos esenciales, con el objetivo de reflejar en tiempo real y de forma fidedigna los movimientos realizados en el país, y de convertirlos en herramienta eficiente para el apoyo de las labores ministeriales.

Asimismo, se debe vigilar el proceso de modernización de las instancias gubernamentales responsables de supervisar los modos de transporte en sus procesos de autorización y registro de unidades y operadores, los cuales son susceptibles de ser utilizados dentro de la región, o desde o hacia otros países del mundo, para el traslado de dichas sustancias, lo cual permitiría fortalecer los mecanismos, detención y aseguramiento de tráficos ilícitos.

Es de suma importancia tener presente que el intercambio de información con instancias homólogas internacionales, permiten que las bases de datos sean herramientas fundamentales para dinamizar e iniciar los procesos permanentes para agilizar las acciones coordinadas que logren detectar, de manera expedita y oportuna, posibles movimientos que deriven en actos delictivos, detectando oportunamente, dichas actividades ilegales.

Pero lo elemental para contravenir la propagación de las drogas sintéticas, es mantener en claro los siguientes puntos:

- Labores de inteligencia.

- Control y regulación administrativa de las sustancias químicas fiscalizadas.

- Prevención y persecución del delito.

- Atención a la farmacodependencia.

- Cooperación y corresponsabilidad internacional.

- Combate al desvío y contrabando de sustancias químicas fiscalizadas.

- Combate a la producción y tráfico de drogas sintéticas; y

- Fomento de la denuncia ciudadana, entre otras.

Capítulo III

DELINCUENCIA ORGANIZADA

Mientras los sistemas estatales se desmoronan bajo el peso de la crisis económica, la delincuencia organizada está jugando un papel dominante en la economía y la política de los Estados, a la vez que aprovecha la desregulación de muchos sistemas financieros internacionales para lavar su dinero ilegal.

El crimen se ha transformado, de esta forma, en parte integrante del sistema financiero internacional, con trascendentales consecuencias sociales, económicas y geopolíticas.

"MIENTRAS EL ESTADO ES BUROCRÁTICO, LENTO Y PESADO, EL CRIMEN ES MODERNO, TECNOLÓGICO E INNOVADOR...".

Objetivos específicos:

Cita de la ONUDC: "La Convención de Naciones Unidas contra la Delincuencia Organizada Transnacional y sus Protocolos.

La ONUDD es el guardián de la *Convención de las Naciones Unidas contra la Delincuencia Organizada Transnacional* (Convención contra la Delincuencia Organizada) y los tres Protocolos sobre la trata de personas, tráfico ilícito de migrantes y la trata de armas de fuego, que lo complementan.

Ésta es la convención internacional, que se ocupa de la delincuencia organizada. Se trata de un logro histórico, que representa el compromiso de la comunidad internacional para luchar contra la delincuencia organizada transnacional y reconocer el papel de la ONU en apoyo a este compromiso.

La adopción de la Convención en el quincuagésimo quinto de la Asamblea General de las Naciones Unidas en 2000 y su entrada en vigor en 2003 también marcó un histórico compromiso de la comunidad internacional para combatir la delincuencia organizada.

La Convención contra la Delincuencia Organizada ofrece a los Estados Partes un marco para la prevención y la lucha contra la delincuencia organizada, y una plataforma para la cooperación en hacerlo.

Los Estados Partes en la Convención se han comprometido a establecer los delitos de participación en un grupo delictivo organizado, lavado de dinero, la corrupción y la obstrucción de la justicia en su legislación nacional. Al convertirse en partes en el UNTOC, los Estados también tienen acceso a un nuevo marco para la asistencia legal mutua y extradición, así como una plataforma para el fortalecimiento de la cooperación policial. Estados Partes se han comprometido también a promover la capacitación y asistencia técnica para fortalecer la capacidad de las autoridades nacionales para hacer frente a la delincuencia organizada.

La cooperación internacional debe seguir siendo la base para los esfuerzos establecidos, en todas la Convenciones Internacionales que se realizan por el mundo contra el crimen organizado y todos los delitos que convergen hacia esta actividad delictiva, en casi todas se establece que las entidades gubernamentales y demás organismos públicos y privados no deben ser ignorantes ni negligentes frente a las investigaciones contra el crimen organizado, de acuerdo a sus competencias como autoridades competentes y conforme a su propia legislación, bien se desarrollen exclusivamente en el propio territorio, o bien sean consecuencia de la solicitud de asistencia procedente de otro Estado".

Entre las principales Convenciones están:

Cita de ONUDC: La Convención de las Naciones Unidas contra la Delincuencia Organizada Transnacional (2000), la Convención de las Naciones Unidas contra el Tráfico Ilícito de Estupefacientes y Sustancias Psicotrópicas (1988), la Convención Interamericana sobre Asistencia Judicial Mutua en Materia Penal (1992), la Convención Interamericana

contra la Corrupción (1996), el Reglamento Modelo
Americano para la Prevención y Represión del Delito de
Lavado de Activos Provenientes del Tráfico Ilícito de Drogas
y de Otros Delitos Graves (1992), La Convención Europea
Sobre Blanqueo, Seguimiento, Secuestro y Decomiso del
Producto del Crimen (1990), las Cuarenta Recomendaciones
del Grupo de Acción Financiera Internacional-GAFI (1990),
la Convención Interamericana sobre Recepción de Pruebas
en el Extranjero (1975) y su Protocolo Adicional (1984), la
Convención Interamericana sobre Extradición (1981), el
Tratado de Derecho Penal Internacional de Montevideo
(1940), el Código de Derecho Internacional Privado (1928), etc.

Delincuencia organizada y sus implicaciones

La delincuencia se ha infiltrado en las finanzas y la banca
internacional. Tanto en países industrializados como subdesarrollados, los sistemas políticos están en una suerte de crisis y las
mafias se han transformado en importantes actores de la política
económica y social de los gobiernos.

En este ámbito, numerosos bancos, algunos respetables, ig-
noran la línea divisoria entre capital organizado y la organizada,
sirviendo muchas veces como instrumento para el lavado de
enormes cantidades de dinero, mientras la reestructuración del
comercio y las finanzas mundiales tiende a favorecer la globalización de prácticas económicas delictivas.

Desde hace algún tiempo, las mafias han penetrado las altas
finanzas internacionales, estableciendo una mal aplicada tendencia global a la liberalización económica, responsable de la
reducción del Estado, la desregulación de la banca, el comercio
internacional y la privatización de empresas públicas, favorecien-
do el crecimiento y la internacionalización de prácticas ilícitas.

En realidad, el límite entre ambos tipos de actividades es casi
imperceptible por lo que hoy llamamos globalización, eje de la
edad de oro de las mafias.

La mayor parte de las ganancias recaudadas por organizaciones criminales, a través de las drogas ilegales, es reciclada mediante canales perfectamente normales, con la ayuda de sus contrapartes legítimas.

Usan el dinero sucio y encubierto para ampliar sus empresas legales e ilegales, y también para canalizar hacia inversiones respetables en artículos primarios de gran necesidad.

En muchos países, a través de estos ilícitos negocios obtenidos con el tráfico de drogas, organizaciones criminales se hacen acreedoras de gran parte de la deuda pública, ejerciendo una influencia tácita sobre la política económica de muchos gobiernos.

Las drogas ilícitas, son los autores de la globalización, por ser un fenómeno que tiene carácter inequívocamente supranacional, que hace que el poder político olvide su estructura actual, para caer en un Narco Estado ejercido por el dominio de mafias, originando la tendencia a casi desaparecer el Estado y sobretodo sus funciones sociales y de control.

La delincuencia organizada se ha globalizado muy rápido, convirtiéndose en una amenaza para la paz y el desarrollo, incluso para la soberanía de una nación.

Los criminales usan armas y violencia, pero también dinero y sobornos para comprar elecciones, políticos, poder, etc. Por eso, para enfrentarlos se exige un cambio de mentalidad en los políticos, en las fuerzas de seguridad, en las bases de la sociedad, en los comerciantes, jueces, fiscales del ministerio público, los entes militares y sobre todo en la cultura de los pueblos, porque la mentalidad de las personas es mucho más compleja.

Estas organizaciones criminales van de la mano con el nefasto mundo de las drogas ilegales, que se ha convertido en un fenómeno social sin precedentes en la historia de la humanidad. Ellas representan el nacimiento de un nuevo tipo de esclavitud, una auténtica amenaza para el ser humano. Sus devastadoras consecuencias ocasionan ruina hasta llegar a la muerte de quien cae entre sus tentáculos, mientras que para la delincuencia organizada es progreso, bienestar y poder.

Es el mayor y gran negocio de todos los tiempos

La delincuencia organizada es el apocalipsis que presenta a los cuatros jinetes montados en sus caballos simbolizando a las drogas ilegales, narcotráfico, lavado de dinero y terrorismo. Pero cabe destacar que la problemática de las drogas, es el peor de esos jinetes. Ellas arruinan a millones de personas de todas las edades, especialmente a los jóvenes, a quienes les cauteriza la conciencia y les convierte en guiñapos humanos.

La droga ha existido siempre. Cada cultura ha tenido la suya. Actualmente las Naciones Unidas en sus diferentes informes anuales ha clasificado a más de cien clases diferentes de drogas, resumidas en cuatro grupos: las opiáceas, las alucinógenas, las estimulantes y las sedantes.

Pero, sin lugar a dudas, las más peligrosas son las drogas sintéticas o de diseño, que pueden producir en sus consumidores taquicardias, hipertensión, sudoración anormal, deshidratación e insomnio. Pueden provocar la muerte. Son la gran preocupación del mundo globalizado y el gran negocio del crimen como oficio.

Su consumo aumenta cada día más, especialmente porque resultan drogas sin mayores riesgos para el traficante, ya que se producen cerca de los lugares de consumo y en pequeños centros difíciles de ser descubiertos, así como a muy bajos costos. Mientras que el negocio de la cocaína y otras drogas ilegales es riesgoso para el tráfico que involucra a grandes grupos de criminales, que generalmente se mueren en enfrentamientos policiales y entre bandas delictivas.

Situación alarmante

Es importante señalar que la Organización Mundial de la Salud ha afirmado que más del 40% de la población en el mundo ha consumido por lo menos una vez drogas ilegales, especialmente las alucinógenas. Esto es alarmante ya que muchas de esas personas se quedan en el consumo, enriqueciendo al delito, que según la UNODC en el informe del 2019 estima que la delincuencia organizada mueve más de $2 billones de dólares ó el 5 por ciento del PIB anualmente.

De ese total se estima que las ganancias de la delincuencia organizada transnacional, incluyendo el tráfico ilícito de drogas; acciones relacionadas con el terrorismo; tráfico ilícito de armas; desvío de sustancias químicas; tráfico ilícito de humanos y tráfico de órganos humanos; prostitución; secuestro; extorsión; corrupción y fraude, un 70 por ciento habrían sido procesados a través del sistema financiero, utilizando para ello, el lavado de dinero, considerado como la actividad criminal más compleja, especializada, de difícil detección y comprobación y de mayor rentabilidad para las organizaciones criminales, que lamentablemente están en permanente innovación.

Afrontar esta actividad delictiva no es tarea fácil, a pesar de los esfuerzos de legisladores y penalistas, para buscar afianzar los fines y fundamentos de estudios criminológicos que ofrezcan datos fiables sobre el número y efectos; sobre la complejidad del fenómeno para la tipificación de las conductas delictivas, para así requerir del aumento del uso de normas penales, cuya dogmática clásica debe reforzar sus principios y abrirse conceptualmente para poder cumplir con la sociedad del siglo XXI.

Las soluciones requieren instrumentos globales y no dejar zonas grises entre la legalidad y la ilegalidad.

Se debe actuar de forma global y coordinada entre los países y luchar sin tregua contra la corrupción, el lavado de dinero, la evasión fiscal, secuestro, narcotráfico, fraude corporativo, estafa en los negocios, falsedad documentaria, la apropiación indebida de activos confiados en fiduciarias, hasta la captación de capitales provenientes de fondos no sustentables y el testaferrato.

El no conocer las normas, leyes y estándares vigentes, tanto nacionales como internacionales, hace vulnerable a personas que por omisión, cometan errores que pueden conducir a una actividad delictiva.

Desde el punto de vista de represión penal, el delincuente, regularmente actúa impunemente, muchas veces por deficiencias del sistema normativo represivo que resulta inaplicable e ineficaz, sumado al hecho de que el sistema penal latinoamericano, al igual que el de la mayoría de otros países, es criticado por ser de corte clasista, ya que reprime severamente los delitos que son llevados a cabo por delincuentes con carencia económica y con niveles bajos de educación, sin embargo es benigno y a veces nulo con la delincuencia practicada por antisociales que presentan un buen nivel económico y social.

Entre los criminales más buscados por el FBI por corrupción corporativa, un término al parecer acuñado desde 1939, es sinónimo de la gama completa de los fraudes cometidos por los profesionales de los negocios sucios.

Vale recordar a Orit Tuil, señalada de conspiración para cometer fraude, por quién el FBI ofreció en esos años, una recompensa de hasta $10,000 por información que conduzca a su detención y es buscada por su presunta participación en un plan a gran escala de bienes raíces en Nueva York.

Orit Tuil

Como un corredor de bienes raíces, Tuil supuestamente encontraría compradores para casas o conseguiría personas cuyas viviendas estaban en una ejecución hipotecaria, para transferir las acciones de sus casas a ella. Una vez que tenía las escrituras en su poder, entonces procedía a obtener hipotecas y vender las propiedades a otros compradores.

El 16 de junio de 2010, en el Tribunal de distrito de Estados Unidos, distrito sur de Nueva York, se dictó una orden de arresto federal y Tuil fue acusada de conspiración para cometer fraude. Tuil anteriormente vivía en Forest Hills y Flushing, Nueva York, pero ahora puede estar viviendo en Israel.

Por otro lado está Mónica Michelle Brown, buscada por su presunta participación en un esquema que estafó a un anciano de más de 250.000 dólares.

Mónica Michelle Brown

En julio de 2011, una institución financiera contactó con el FBI en Oklahoma City, Oklahoma, en relación con la explotación económica de un hombre de 97 años que residía en un hogar de ancianos. En diciembre de 2010, alguien creó en línea bancaria en la cuenta de la víctima sin su permiso.

Poco después, cheques fueron iniciadas a través del sistema en línea y fueron enviados a varias personas, incluyendo a Brown.

Una investigación posterior descubrió que Brown y un cómplice habían sido empleados en el hogar de ancianos y fueron los encargados de explotar económicamente el hombre mayor. El 7 de noviembre de 2012, Brown fue acusada por un gran jurado federal en el Tribunal de distrito de Estados Unidos para el distrito oeste de Oklahoma, con un cargo de conspiración, dos cargos de fraude postal y cinco cargos de títulos falsos. Una orden de arresto federal fue emitida por arresto de Brown el 8 de noviembre de 2012.

Globalización del negocio

Cientos de miles de millones de dólares se mueven fantasmal y virtualmente por todo el planeta, ante la desinformación de miles de millones de seres humanos. El dinero o valores transitan por Suiza, Estados Unidos, Luxemburgo, Islas Caimán, Vanuatu, Islas Cook, México, Colombia, España, Italia, Argentina, a través de la Mafia Rusa, Triángulo de Oro, los Yakuzas, la Cosa Nostra, Las Triadas China, entre otros sitios de todos los continentes.

Es de notar que la tecnología y desarrollo en informática permite la circulación eficaz de los valores mal obtenido y burlar procedimientos legales. Se establece una verdadera maquinaria ultramoderna a nivel internacional para hacer circular e invertir los dineros de las bandas criminales, originando así que "la delincuencia organizada transnacional esté presente en cada región y en cada país alrededor del mundo. Frenar esta amenaza transnacional representa uno de los mayores retos a nivel global para la comunidad internacional".

Pero la gran duda que se nos presenta a diario y en la cual no dejamos de pensar, es sobre cuán involucrados ya está la banca internacional, las entidades financieras mundiales, algunos gobiernos, legisladores y miembros del poder judicial con la industria de la delincuencia organizada.

Esto es realmente alarmante, sobre todo cuando observamos casos patéticos como el de México, donde sectores progresistas e intelectuales plantearon la necesidad de negociar con el narco ante la alarmante situación, tanto el poder económico como el militar, sabiendo de los grados de infiltración de la delincuencia organizada dentro del Estado y de la incapacidad de los gobiernos para terminar con los asesinatos (más de 60 mil sólo en el gobierno de Felipe Calderón), abriéndose a la fracasada posibilidad de dialogar con el negocio que ya criminalizó o narcotizó la economía de esa nación.

Felipe Calderón junto al Manuel López Obrador

Instantes después de que López Obrador lo llamara 'Comandante Borolas', el Felipe Calderón escribió en su cuenta oficia de Twitter un mensaje en el que defendió la estrategia de seguridad que implementó cuando ocupó la Presidencia de la República (2006-2012).

Felipe Calderón dijo que con la presidencia de Manuel López Obrador: *"Hoy se cometen más de 100 homicidios al día, casi el doble que al final de mi gobierno, el cual comenzó a limpiar la casa plagada de animales venenosos. Hoy se les deja crecer porque no distinguen alacranes de abejas. A mí no me queda el saco, a otros el cargo les queda grande".*

Es por eso que vemos en México, con mucho pesar, como existen bandas de narcotráfico dedicadas al tráfico ilegal de personas, de armas, riquezas madereras y piezas de animales sofisticados (cuernos de rinocerontes, colmillos de elefantes, piel de tigres) en poblados que cuentan con una base social de apoyo; comunidades relativamente pequeñas, pobres, que pueden gozar de beneficios gracias a la actividad de la delincuencia organizada, que les satisfacen sus necesidades básicas. Increíble pero cierto.

En el documento "Crimen organizado y globalización financiera" de Interamerican Community Affairs del año 2012, se señala que *"la reestructuración de la economía, el comercio y las finanzas en un mundo dominado por el neoliberalismo provocó la globalización del crimen.*

Mientras los sistemas estatales se desmoronan bajo el peso de la crisis financiera, la delincuencia organizada comienza a jugar un papel dominante en la economía y la política de los estados, a la vez que aprovecha la desregulación del sistema financiero internacional para 'lavar' su dinero mal habido".

En esta dramática aseveración es evidente que la industria de la delincuencia organizada, en toda su cadena productiva y de negocios, es altamente rentable en todo el mundo; no está afectada por las crisis económicas ni los vaivenes financieros o, al menos, lo es puntual y circunstancialmente.

El multimillonario negocio que representa la delincuencia organizada en el mundo, sobre todo tratándose de los cárteles de la droga que tienen bajo su control la producción, trasiego y venta al mayoreo y menudeo, es el síndrome mayor del grado de descomposición que ha alcanzado la actual globalización.

Es decir, que los negocios ilícitos que representan el tráfico de las drogas, la venta "ilegal" de armas de fuego, los productos falsificados, los recursos naturales robados, el tráfico de personas por sexo o para el trabajo forzado, la piratería y los delitos informáticos (según la clasificación de la ONU), cuyos dividendos se incorporan ilegalmente al mercado de capitales y acaban mezclándose con el dinero "legal" de las finanzas internacionales, constituyen un motor importantísimo del proceso destructor que origina la delincuencia organizada.

Es un mal intolerable permitido para los países afectados y donde los Estados sólo ven pasar los circuitos del negocio, descuidando los cárteles que sirven a los mismos fines y/o bien luchan entre sí o pactan en aras del mismo, sin atreverse a irrumpir de fondo (Estados y gobiernos) en los orígenes y consecuencias de tan negativa y destructora actividad transnacional, tan velozmente lucrativa.

Hay que estar claro que por mucho que se condene la delincuencia organizada, está claro que quienes viven de esa actividad ilegal, no les conviene que el negocio desaparezca. Todo lo contrario, ya que en este gran negocio sucio están, precisamente, muchos de los magnates de las finanzas internacionales quienes directa o indirectamente son los receptores/depositarios de los recursos del lavado de dinero en todas sus formas imaginables que entra al sistema bancario mundial.

Cárteles en México

Son innumerables los informes que anualmente presentan las instituciones y organizaciones mundiales que estudian esta actividad ilegal, las cuales muchas coinciden en que *"la mayor parte de las ganancias por la venta de la droga en el mundo, como por ejemplo en el caso de la cocaína, representa el 70 por ciento de los miles de millones de dólares traficados al año, se quedan en manos de la delincuencia organizada, la cual, sin lugar a dudas representa una seria amenaza para la soberanía de las naciones y la estabilidad global, por los niveles macroeconómicos alcanzados, y donde el capturar a algunos traficantes puede desviar los flujos, pero no los cierra".*

Hay que ir al verdadero foco de la interrupción de las mafias a la interrupción de sus mercados, tras los cómplices del negocio, tras el ejército de criminales de cuello blanco (abogados, contadores, corredores de bienes raíces y banqueros) que brindan cobertura y limpian los procesos espurios.

Se mueve mucho dinero

Es de señalar que anualmente se estima que la delincuencia organizada mundial mueve miles de millones de dólares, a través del narcotráfico, la trata de personas, tráfico ilegal de migrantes, negocios delictivos relacionados con la madera y especies animales y juego de apuestas ilegales, entre otras actividades.

Así lo indican algunas de las cifras que manejan anualmente la Oficina de Naciones Unidas Contra el Narcotráfico y la Delincuencia (UNOCD) y la Interpol, y que evidencian el poder financiero de cárteles y bandas criminales internacionales que actúan principalmente en rubros como el tráfico de drogas, prostitución y "trata de personas", falsificaciones, venta ilegal de armas, tráfico de migrantes, venta ilegal de metales preciosos, juegos ilegales, tráfico de obras de arte y de órganos humanos, venta de explosivos y materiales químicos peligrosos, y sobre todo el menudeo de drogas sintéticas, entre otros.

Sabemos que las cifras nunca llegan a ser completamente exactas, por cuanto la delincuencia organizada no arroja datos fidedignos de sus fechorías. Sin embargo, el dinero que ésta maneja a escala mundial, se estima que supera ocho veces lo que se gasta en asistencia internacional para el desarrollo de muchos países; representa cuatro veces el presupuesto federal de México; según la UNOCD la cifra de las finanzas de los criminales es comparable al 1,5 del Producto Interno Bruto (PIB) mundial y al 9% de las exportaciones internacionales.

Se trata de una verdadera industria transnacional que genera una economía criminalizada que vuelve vulnerables a gobiernos, países, sistemas financieros y áreas productivas. Los cárteles de la droga y bandas criminales, tienen capacidad de mandar e incidir en entidades privadas y públicas, y penetrar decididamente en naciones y zonas donde se produce la fatídica mezcla de corrupción y pobreza.

No es una industria donde sólo hay obreros que, para este caso, se trata de sicarios, transportadores, cultivadores y operadores del narco y las bandas criminales. Es una industria con gerentes; delincuentes de cuello y corbata que encabezan los cárteles y grupos delictivos o que están enquistados en bancos, empresas, grupos financieros, fuerzas armadas, cuerpos policiales y en ámbitos legislativos y ejecutivos de algunos países.

Bancos internacionales

Cabe indicar dentro de este marco de referencias que en los últimos años fueron investigadas y sometidas a procesos judiciales por lavado de dinero, irregularidades, sobornos, tráfico ilegal de remesas, malversaciones, manejo ilegal de dinero, diversas entidades bancarias y financieras, y un sin fin de instituciones y organizaciones que incluso incluyen sucursales en muchos países latinos, donde se estima que son "lavadas" grandes cantidades de dólares.

Investigadores de la Red de Control de Delitos Financieros (FinCEN) recibieron más de dos millones de Informes de

Actividades Sospechosas (RAS) sólo el año pasado. Entre 2011 y 2017, hubo más de doce millones de informes de actividades sospechosas.

Una investigación periodística del Consorcio Internacional de Periodistas de Investigación (ICIJ) reveló que los grandes bancos manejaban más de 2 billones de dólares en transacciones que ellos mismos reportaron posteriormente como sospechosas. En otras palabras, los bancos presentaron sus informes de actividades sospechosas después de haber cobrado la tarifa de transacción.

La mayoría de los RAS en los archivos de la FinCEN procedían de un pequeño número de grandes bancos: Deutsche Bank (982), Bank of New York Mellon (325), Standard Chartered Bank (232), JP Morgan (107), Barclays (104) y HSBC (73). Juntos, estos bancos presentaron más del 85 por ciento de todos los RAS encontrados en los documentos filtrados.

En este enorme y gran negocio de la delincuencia organizada se puede apreciar cómo a diario y a nivel mundial, aumentan los casos donde están involucrados altos funcionarios de gobiernos, autoridades policiales y parlamentarios, que son acusados, investigados y procesados por nexos con la delincuencia organizada, corrupción y con cárteles de la droga.

Como ejemplo podemos citar los casos relacionados con personeros y mandatarios como: Carlos Salinas de Gortari, Miguel Ángel Rodríguez, Manuel Noriega, Alberto Fujimori, Boris Yeltsin, Alan García, Alejandro Toledo, Enrique Peña Nieto, Ollanta Humala y su esposa Nedine Heredia, Nicolás Sarkozy, Silvio Berlusconi, Jacob Zuma, Juan Manuel Santos, Ricardo Martinelli, Juan Carlos Varela, Martín Torrijo, y varios más que aparecieron y están en indagaciones sobre dinero sucio, corrupción, narcotráfico y demás delitos afines a la delincuencia organizada transnacional.

Impacto en la productividad

El consumo de drogas también supone una gravosa carga financiera para la sociedad. Según la ONUDC indica que en términos monetarios, se requerirían entre un 0,3% y un 0,4% del PIB mundial para sufragar todos los costos de tratamiento relacionados con las drogas en el mundo.

En realidad, las sumas reales destinadas al tratamiento de la toxicomanía son muy inferiores y menos de una de cada cinco personas que necesita dicho tratamiento lo recibe.

El impacto del consumo de drogas ilícitas en la productividad de una sociedad, en términos monetarios, parece ser aún mayor. En los Estados Unidos, las pérdidas de productividad eran equivalentes al 0,9% del PIB, mientras que en otros países se citaban pérdidas del orden del 0,3% al 0,4% del PIB.

Según el informe de la UNODC de 2018, las pérdidas de productividad en los Estados Unidos en 2017 se estimaron en 380.000 millones de dólares. Esta cifra excede con creces del nivel de gastos de atención de la salud relacionados con el consumo de drogas ilícitas mencionados anteriormente y equivaldrían al 62% del total de gastos relacionados con las drogas (calculados sobre la base del costo de la enfermedad).

Los costos derivados de la delincuencia relacionada con las drogas también son considerables.

En el Reino Unido e Irlanda del Norte los costos resultantes de la delincuencia relacionada con las drogas, fraude, robo con fuerza en las cosas, robo con violencia o intimidación y hurto en tiendas en Inglaterra y Gales representaban el 1,6% del PIB, o un 90% del total de los costos económicos y sociales relacionados con la toxicomanía.

Canadá y la legalización de la marihuana

Uno de los mayores objetivos de ese país al legalizar el cannabis es reducir el mercado negro. La agencia de estadísticas de Canadá dice que en el 2017, los canadienses consumieron $5,7 billones en marihuana, donde el 90 por ciento de esas ventas fueron ilegales, para propósitos no médicos.

En el 2015, el Servicio de Inteligencia Criminal de Canadá reportó operaciones de 657 grupos de delincuencia organizada, de los cuales, más de la mitad se sospecha o se sabe que están involucrados en el mercado ilícito de marihuana. Esto convierte el mercado negro en el competidor no oficial más grande de las empresas legales de Cannabis en Canadá.

A pesar del enorme entusiasmo, hay desafíos. No hay un reglamento uniforme aplicable para todo Canadá. Las provincias han podido establecer sus propios proyectos de ley, determinando así a donde se puede fumar, la edad legal y quién puede distribuir la materia.

En el caso de Montreal, la ciudad está compuesta de varias municipalidades que imponen sus propias reglas en el territorio.

Muchas de las municipalidades han optado por prohibir el uso del cannabis en lugares públicos. Mientras tanto, la ciudad central de Montreal decidió permitir el uso del cannabis en parques y aceras, con ciertas restricciones. El éxito que tendrán las autoridades en aplicar la ley habiendo tantas variaciones en un solo territorio, todavía está en veremos.

En el 2019, alrededor de 33.800 personas fueron acusadas por posesión de la sustancia, en comparación con 28.000 en el año 2018 según el Instituto de Estadísticas de Canadá. La pregunta es: ¿Qué está pasando con estos privados de libertad? Hasta ahora siguen con sus condenas a pesar que la organización Cannabis for Amnesty está abogando para que perdone a aquellas personas condenadas por ofensas menores y no violentas en respecto a la posesión de marihuana.

Explotados y explotadores

De acuerdo a cifras de la UNODC, Interpol, el FBI, organismos judiciales de Latinoamérica y el Caribe y de entidades académicas de varios países, más de diecisiete millones 900 mil personas se ven afectadas directamente por la acción de la delincuencia organizada. Principalmente ese número tiene que ver con migrantes, prostitución, uso de niños en actividades ilícitas, suplantación de identidad y ejecuciones y por supuesto, tráfico de drogas.

Formalmente, las cifras indican que anualmente se produce un tráfico ilegal de migrantes que involucra a más de 50 millones de centroamericanos y la cifra sube a unos 70 millones si se cuenta a los mexicanos. De acuerdo a un informe de la Organización Internacional del Trabajo (OIT), veinte millones y medio de niñas y niños son manejados por mafias de la delincuencia organizada.

Trata de personas: otra gran fuente de riqueza

La palabra "esclavitud" es un término que creíamos extinto debido a sus antecedentes y a la creación de la Convención de la Esclavitud en el año de 1926 por parte de la Sociedad de Naciones en ese entonces, hoy conocida como Naciones Unidas; pero esto no es del todo real, aún hoy en día existe la esclavitud que es una realidad oculta tras la "trata de personas".

De acuerdo con la Naciones Unidas, la trata de personas es el tercer delito más lucrativo después del tráfico de narcóticos y el tráfico de armas, es por esta razón que las redes criminales han evolucionado y se han especializado con el fin de obtener grandes beneficios a costa de la comercialización de seres humanos.

Según el informe del Departamento de Estado de los Estados Unidos del año 2018, el número de personas víctimas de este delito alrededor del mundo es de aproximadamente 34,3% de la población mundial, haciendo referencia no sólo a personas adultas, sino que se enfocan en el sector más vulnerable que es el de la niñez.

La Trata de Personas y el Tráfico de Migrantes, son dos de los delitos fuentes del lavado de dinero, que se han incrementado en mayor proporción durante los últimos años, como consecuencia de las difíciles condiciones de vida en los países subdesarrollados, especialmente por la desigualdad social y económica que se presenta.

Algunos propósitos de la trata de personas

Adicionalmente, el fortalecimiento de las políticas migratorias en los países desarrollados, hace que las personas tengan que buscar alternativas diferentes de migración, cayendo en la mayoría de los casos en este tipo de redes criminales.

El no considerar estos delitos como una problemática social de la realidad actual, sino como una serie de acontecimientos ocasionales, ha facilitado que hoy en día sea mayor el número de personas afectadas, así como el incremento del número de organizaciones delictivas que incurren en estos delitos atraídas por el beneficio económico que obtienen.

Según el Protocolo de la Organización de Naciones Unidas (ONU) para prevenir, reprimir y sancionar la trata de personas, especialmente de mujeres y niños del año 2000, este delito se define como:.

> Cita: "... la captación, el transporte, la acogida o la recepción de personas, recurriendo a la amenaza o uso de la fuerza u otras formas de coacción, al rapto, al fraude, al engaño, al abuso de poder o de una situación de vulnerabilidad o a la concesión o recepción de pagos o beneficios para obtener el consentimiento de una persona que tenga autoridad sobre otra con fines de explotación.
>
> Esa explotación incluirá como mínimo, la explotación de la prostitución ajena u otras formas de explotación sexual, los trabajos o servicios forzados, la esclavitud o las prácticas análogas a la esclavitud, la servidumbre o la extracción de órganos".

Se puede entonces afirmar que la Trata de Personas es un delito que consiste en la utilización de la persona con fines de explotación en beneficio propio o de un tercero, haciendo uso de la fuerza o la privación total o parcial de su libertad.

Es importante señalar de acuerdo con la definición presentada, que existen tres elementos que constituyen el delito de Trata de Personas: primero, la movilización o traslado; segundo, la limitación o la privación de la libertad y tercero, la explotación.

En el desarrollo del delito se puede identificar lo siguiente:

- Organizaciones delictivas: Grupo de personas que actúa con el propósito de cometer el delito de Trata de Personas.

- Tratante: Persona que interviene en alguna etapa del proceso de Trata de Personas o que se encuentra vinculada a la red criminal. El tratante puede intervenir en el reclutamiento, traslado, recepción, privación total o parcial de la libertad o en la explotación de la víctima.

- Víctima: Es el hombre, mujer, niño o niña que por sus condiciones de vulnerabilidad, es reclutada, transportada, recibida o alojada de manera forzada, por las organizaciones criminales, con el fin de ser explotada.

- Las víctimas de la trata de personas son reclutadas por los tratantes o por las redes criminales, especialmente cuando se encuentran en alguna de las siguientes condiciones:

  o Pobreza

  o Situación de violencia

  o Desempleo

  o Bajo nivel educativo

  o Falta de oportunidades

  o Desigualdad de género

  o Situaciones familiares: Abuso sexual, madre soltera o violencia intrafamiliar

  o Situaciones culturales: Prevalencia de objetivos económicos sobre los valores, desconocimiento, falta de información, desarraigo e ingenuidad.

Adicionalmente, este delito no sólo se circunscribe a la explotación sexual o la prostitución, sino que también existen diferentes formas en las cuales los tratantes obtienen provecho de sus víctimas.

En este sentido, algunas de las modalidades más comunes de trata de personas son:

- Explotación sexual (prostitución, pornografía, turismo sexual, etc.).

- Explotación laboral (formal o informal)
- Explotación militar o reclutamiento forzado
- Prácticas esclavistas
- Servidumbre o matrimonio servil
- Mendicidad
- Adopción ilícita
- Tráfico de órganos

Falta de empleo: drogas y delito

A diario se registran muertos acribillados en muchos países y las autoridades por su parte se los cargan a los ajustes de cuentas entre delincuentes, muchas veces sin realizar una investigación a fondo para tener una idea de quiénes son los asesinos.

Al observar las primeras páginas de diarios y medios de comunicación del mundo, nos damos cuenta de la cantidad de personas que en forma violenta son asesinados por la delincuencia organizada. Cifras que rebasan los registrados de cualquier guerra civil de un país.

Pero lo más lamentable es que la mayoría de las víctimas son jóvenes menores de los 30 años que se encuentran en edad productiva y que hacen falta para que un país crezca y se desarrolle de acuerdo a los tiempos que estamos viviendo.

Las oportunidades de empleo para los jóvenes se han visto mermadas y por más que lo buscan, no encuentran un trabajo digno donde desarrollar sus aptitudes. Hay jóvenes egresados de las universidades que no se pueden acomodar en ninguna empresa privada, menos en los niveles de gobierno donde están saturadas todas las dependencias, incluso con personal de más.

Los jóvenes que estudiaron preparatoria y secundaria, tampoco encuentran un empleo.

Las personas que llegaron a los 40 años, menos se pueden acomodar en una empresa y, si encuentran un empleo, es con salarios muy bajos que no cubren sus necesidades, porque en la mayoría de los casos ya están casados o casadas y tienen más gastos con compromisos económicos fuertes.

Cuando los jóvenes no encuentran la puerta de salida de tantos problemas económicos, más si se presenta una enfermedad o emergencia en la familia, es cuando son atrapados en las "garras" de la delincuencia organizada, donde al principio les empieza a ir bien, pero después vienen los sufrimientos.

Para los narcotraficantes existen sólo dos caminos, la cárcel o la muerte, eso pasa tarde o temprano. Los que se dedican a esta actividad no tienen tranquilidad ni ellos ni su familia.

El narcotráfico involucra a toda la familia y amigos, tengan o no relaciones con ese negocio, que es muy lucrativo pero tiene sus riesgos, pero sobre todo, un final triste. En ocasiones la necesidad los empuja y caen en las redes de las mafias. Todo por no encontrar una oportunidad de empleo decente, digno para sacar adelante a la familia. Los narcotraficantes dejan a sus amigos de verdad, de toda la vida y se empiezan a relacionar con otro tipo de personas. Así es el negocio.

Por eso no es fácil acabar con las bandas de la delincuencia organizada que son empresas con manejo de mucho dinero y de ellos dependen miles de ciudadanos en forma directa e indirecta. Además los cabecillas son grandes empresarios y otros que se prestan a lavar dinero y de esta forma sacan de la ruina a sus empresas.

Existen zonas rurales y urbanas de cultivo, producción y tráfico de drogas (cocaína, opio, hachís, drogas sintéticas, etc.), cuyos habitantes están a merced de las bandas ilegales, armadas y con poder económico, y se rigen por las normas que éstas imponen, so pena de ser maltratados, torturados y ejecutados.

El reemplazo de cultivos de alimentos por el cultivo de drogas se extiende bastante en las últimas décadas en zonas pobres de varias naciones latinas.

Como en toda industria transnacional, en la del crimen se produce la estructura sistémica de "explotados y explotadores"; los de arriba con poder militar y económico y los de abajo desprotegidos y abusados, víctimas de la represión y la pobreza.

Cabe señalar que en este contexto, la población juvenil de algunas naciones latinoamericanas, asiáticas y africanas, pero también de países desarrollados como Estados Unidos, sucumbe no sólo al consumo de drogas, la prostitución, la migración ilegal, etc., sino también se convierte en "carne de cañón" de la violencia siendo reclutados como sicarios y secuestradores. Es así que son cientos de millones las personas que compran y trafican con drogas.

Hay empresarios y multimillonarios que adquieren obras de arte, colmillos de elefantes y cuernos de rinocerontes extraídos ilegalmente; miles de latifundistas y dueños de maquiladoras que contratan migrantes irregulares; muchos productores de drogas sintéticas; millones que pagan por prostituir niños y jóvenes; grupos mafiosos y criminales, e incluso operadores de gobiernos, que efectúan compra ilegal de armamento; y así sigue la rima de consumo de productos puestos en el mercado negro por la delincuencia organizada.

De todo eso proceden los miles de millones de dólares que genera y mueve la delincuencia organizada en el mundo. Dinero que bastaría para encarar los problemas sociales de toda Centroamérica y con el cual se podría financiar varias veces la educación, la salud, la vivienda y la protección a la infancia en muchos países latinoamericanos.

Capítulo IV

DELINCUENCIA ORGANIZADA, NARCOTRÁFICO Y MAFIA

Hoy en muchos países se plantea al narcotráfico sólo como resultado de la adicción a sustancias y no se hace mención a los intereses económicos, ni a los intereses políticos, ni al paradigma legal que lo favorece.

El mercado internacional es abastecido por un remanente de la producción de estas drogas, que es abundante y de muy bajo costo, poniéndose al alcance de las poblaciones en general, en muchos puntos de distribución y convirtiéndose en un flagelo social, económico y hasta político.

En el contexto social, existen evidencias que muestran un incremento importante en el número de personas involucradas en las actividades relacionadas con el narcotráfico, incluyendo a quienes se dedican al gran tráfico o al micro comercio.

Se sabe además que en estas actividades generalmente se involucran las poblaciones con menores ingresos, especialmente mujeres y menores de edad, que se involucran en las drogas como una forma de subsistencia. Siendo una era en la que el dinero adquiere un carácter preponderante y de gran influencia socio-política y cultural, las causas que conducen a ciertas poblaciones a vincularse con las actividades ilícitas relacionadas con el narcotráfico, son de tipo práctico, a las que se suman aspectos actitudinales y de valores vinculados con la ilegalidad y marginalidad.

Los entornos sociales relacionados con la cadena de las drogas tienden a ser violentos e inseguros, con gran permeabilidad a la criminalidad como forma de equilibrio de poder entre los diferentes actores, generando amplias redes de corrupción articuladas al poder, que instala el control del dinero.

En este contexto nacen y crecen niños que con gran probabilidad de mantenerse en esas ilícitas actividades y quizás llegar hacia otras igual o más graves.

Muchas veces se olvida que el narcotráfico, así como la producción y comercialización de drogas, posee dimensiones sociales, económicas, políticas e incluso morales, que no son únicamente temas policiales o delincuenciales, sino que deben estar en manos de especialistas. Por ende, el abordaje de la lucha contra el narcotráfico no debe ser sólo un tema penal, sino que debe afrontarse considerando la gran amplitud de aspectos relacionados con el problema.

América Latina

La delincuencia organizada y el triángulo del norte

En México, el narcotráfico y la delincuencia organizada han construido un estado paralelo con la producción, tráfico y consumo de las drogas, especialmente marihuana, cocaína, opio y drogas sintéticas.

El 80% de cocaína de Sur América utiliza el corredor mexicano y la amplia frontera para introducirla a Estados Unidos, particularmente ahora con la mayor vigilancia en el Pacífico y en las Antillas. Más de cien mil mexicanos trabajan con ingresos multimillonarios de dólares en el mercado de la droga, con influencia política y complicidad policial.

La delincuencia organizada ha borrado las fronteras. En gran porcentaje de la región fronteriza hacen negocios ilegales personas de diversas nacionalidades, mientras los gobiernos, entre ellos los centroamericanos, enfrentan lo que se ha convertido en su mayor gran clavo ardiente en el zapato, según se aprecia en los informe que anualmente realiza la Oficina de las Naciones Unidas Contra la Droga y el Delito (UNODC) en su investigación "Delincuencia Organizada Transnacional en Centroamérica y el Caribe, una Evaluación de las Amenazas", donde se habla del famoso Triángulo de Norte, conformado por Guatemala, Honduras y El Salvador.

Guatemala

El problema de la delincuencia organizada en Guatemala se remite a los 40 años de guerra civil que vivió ese país, en los cuales quedaron sentadas las bases para muchas organizaciones criminales, entre ellas algunas que fueron fruto de los servicios de inteligencia estatal y militar, como presión de dictaduras y malos gobiernos.

Como ejemplo se puede citar los Cuerpos Ilegales y Aparatos Clandestinos de Seguridad (CIACS), que eran organizaciones dedicadas a ayudar al narcotráfico, asistiéndolo en adopciones ilegales, fabricación de pasaportes falsos y contrabando.

Estaba integrado por ex generales y ex altos oficiales de inteligencia, utilizando sus conexiones con los servicios de seguridad privados en Guatemala; además de manejar a cabalidad cómo penetrar y corromper al gobierno, lo que los hizo un socio útil y con potente actuación en el hampa guatemalteco.

Es de mencionar que desde el año 2007, la Comisión Internacional de las Naciones Unidas contra la Impunidad en Guatemala, trabajó para desmantelar los CIACS.

Hay que recordar cuando la oficina del Fiscal General de Guatemala y la ONU dieron su mayor golpe al CIACS, logrando la detención en el año 2010 del ex presidente Alfonso Portillo, extraditado desde México.

En cuanto al cártel de "Los Zetas", no sólo fueron capaces de establecer rutas de narcotráfico a través de Guatemala y Nicaragua hacia México, sino que, como señalan los últimos informes internacionales, puede que ellos hayan adoptado una ruta de tráfico de cocaína por Venezuela y África Occidental hacia Europa, lo que representa otro mercado lucrativo para la terrible organización criminal. Grupo que se ha extendido a los Estados Unidos de América. Hoy en día han sido superados por otras organizaciones criminales que están en los principales cárteles del tráfico y control de las drogas a nivel internacional.

Se cuenta que en EE.UU. residen aún familias completas de los principales miembros de Los Zetas y otras organizaciones peligrosas de México, Honduras, Guatemala, El Salvador y Colombia. Alegan algunos expertos que esta inmigración se debe a la actual política que se establece en gran parte de Norteamérica.

Honduras

Respecto a Honduras, otro de los países del llamado Triángulo Norte Centroamericano, la Oficina de las Naciones Unidas Contra la Droga y el Delito (UNODC), señala por ejemplo, que es hoy en día el punto de entrada más popular para la cocaína con dirección norte hacia Guatemala, permitiendo así que los flujos de cocaína directos a Honduras crezcan de forma significativa después de 2006 y más aún, aumentaron después del golpe de Estado en 2009.

El narcotráfico en ese país se ha extendido a todos los niveles, desde el gobierno hasta los militares y empresarios corruptos, que negocian las drogas a través de sus banqueros y muy especialmente como figuras de testaferros.

De manera particular, el tráfico aéreo desde la frontera entre la República Bolivariana de Venezuela y Colombia, gran parte del cual era anteriormente dirigido a La Española, fue redirigido a las pistas de aterrizaje en Honduras Central, según se aprecia en los informes realizados por el Departamento de Estado de los Estados Unidos, que asevera que cientos de toneladas de cocaína eran transportadas por aire hacia los Estados Unidos realizando escala en Honduras, representando un buen porcentaje del flujo de cocaína llevada a los Estados Unidos.

También se usan las rutas por el mar desde Colombia hasta Honduras, mediante un bote rápido en un trayecto de seis horas, y a mayor brevedad en submarinos. Han sido muchos los submarinos capturados en aguas territoriales de Honduras con cargas superiores a 1.500 toneladas de drogas.

Además se conoce que varios grupos territoriales están trabajando en Honduras para organizaciones de tráfico de drogas colombianas (en Atlántida) y mexicanas (en Olancho, La Ceiba y Copán). Además, en tal país también se ha informado sobre algunos grupos de estilo "tumbadores", conocidos como "los grillos", en particular en el área de La Ceiba. Como en Guatemala, propietarios de tierra y "rancheros" están involucrados en actividades de tráfico, en particular en las áreas fronterizas que tienen bajo su control.

Algunos municipios en el noroeste del país (en Copán, Ocotepeque, Santa Bárbara) están totalmente bajo el control de redes complejas, compuestas por alcaldes, hombres de negocios y acaudalados propietarios de tierra entre ellos los llamados "los señores".

Se ha informado que también "El Chapo" Guzmán viajaba a esta parte del país (Copán), de modo que los grupos allí se podrían conectar fácilmente con el Cártel del Pacífico, pero la violencia en esta zona sugiere que aún existe competencia por el control de las drogas.

Acerca de estos dos países, la UNODC precisa que, en Guatemala y Honduras, la naturaleza territorial del tráfico de drogas ha otorgado una especial importancia a la propiedad de la tierra, y muchos grandes terratenientes, incluyendo granjeros y rancheros comerciales, son prominentes entre los traficantes. Allí las plantaciones y los ranchos, proporcionan terreno para pistas de aterrizaje clandestinas e instalaciones de almacenamiento.

Además, proporcionan emplazamientos para entrenar y desplegar grupos armados, y posible protección para grandes grupos de hombres operando en las áreas remotas de estos países.

La UNODC señala también que durante mucho tiempo los terratenientes guatemaltecos han empleado compañías de seguridad privada para supervisar a sus trabajadores agrícolas, así que la imagen de hombres armados en camionetas no es inusual.

Los beneficios del tráfico de drogas pueden pasar por los ingresos de granjas y ranchos productivos. Para el organismo, es más probable que estos grupos inviertan en comprar influencia política más allá de pagar a los guardias fronterizos locales.

El Salvador

Se dice que en El Salvador, las redes de traficantes o transportistas mueven contrabando, personas, armas y drogas ilícitas dentro y fuera del país, a menudo con la ayuda de gobiernos, policías y militares corruptos.

Los medios de comunicación social de México, Guatemala, Honduras y en el propio El Salvador, han publicado que existen redes independientes conocidas como "Los Perrones" y el "Cártel de Texis" que están asociados con organizaciones de tráfico de drogas como El Cártel de Sinaloa o Los Zetas y son transportistas responsables del tráfico de drogas al interior y a través del país. No obstante, son las maras las responsables del crimen y la violencia en El Salvador.

Cabe mencionar que la primera causa de esta problemática se debe a la ya existente ola delictiva que involucra a excombatientes de la guerra, tanto militares como guerrilleros, quienes se mantuvieron al margen de los acuerdos y nunca entregaron sus armas y no se reinsertaron en la vida civil, creando sus propias empresas criminales.

La segunda causa se inicia con la aparición de las pandillas callejeras. Las llamadas "maras" están compuestas principalmente por las pandillas, la Mara Salvatrucha 13 y la Barrio 18. Aseguran que actualmente los líderes salvadoreños de la MS-13 tienen presencia en Guatemala, Costa Rica y México; en este último país los líderes de las pandillas se han reunido con grupos como Los Zetas, Cártel de Sinaloa, Los CDJN, indicando además un posible cambio en el tráfico internacional de drogas.

Sin embargo, policías y funcionarios de inteligencia sostienen que las maras no tienen la disciplina y la sofisticación para hacer buenas relaciones con los cárteles establecidos. La atención que las maras atraen de la policía, hace que para los cárteles sea muy riesgoso entablar alianzas y relaciones.

La situación centroamericana se califica de muy grave. La UNODC expresa que en definitiva el principal problema de delincuencia organizada que está afectando a Centroamérica, es el tráfico de cocaína, y éste no se origina en absoluto dentro de la región. La droga es producida en Suramérica y consumida en los países prósperos del norte. Centroamérica es víctima de su localización geográfica, que la atrapa literalmente en una encrucijada de alta peligrosidad.

En el Triángulo del Norte está trabajando arduamente la Convención de las Naciones Unidas contra la Delincuencia Organizada Transnacional y sus Protocolos, al igual que la Convención de las Naciones Unidas contra la Corrupción, a fin de lograr un enfoque estratégico global para abordar esta problemática, mediante sólidas bases que busquen la cooperación internacional para así abordar el tráfico de droga transnacional con efectivos acuerdos.

La doble moral y la economía de los pueblos

La existencia y el crecimiento de la economía criminal global es el nuevo fenómeno, que acompaña a la globalización, trascendiendo las categorías de amenazas que se consideraban durante la guerra fría, en razón de que los diferentes grupos criminales sustituyen a los gobernantes en el proceso de toma de decisiones, sin que la sociedad pueda percibir su accionar, y en el supuesto que lo haga, difícilmente pueda identificar a los actores.

En muchos lugares se habla de narco políticos. Por ejemplo en México, Colombia, Venezuela o Italia, algunos sectores políticos son cooptadas por narcotraficantes disimuladamente y terminan siendo una pieza más de la delincuencia organizada.

Sin lugar a dudas, la delincuencia organizada es un problema que transciende las categorías de cualquier forma de guerra, pues ésta sustituye con sus poderes mafiosos a los gobiernos en la toma de las decisiones estratégicas, de programas y serios problemas, pues trasciende las convenciones de la ética política, su praxis y su análisis.

La seguridad y la defensa de los valores y los intereses de los Estados están amenazadas por los intereses y las acciones de las distintas organizaciones criminales transnacionales, en consecuencia, las instituciones del pueblo, la integridad de las mismas, la participación política activa, la lucha por radicalizar la democracia, el bienestar y seguridad de sus habitantes, constituyen valores de la lucha de las naciones que debemos alentar, defender, organizar, fortalecer y ampliar sin pérdida de tiempo.

La instauración del mercado global y la libertad de comercio, son factores decisivos en la conformación de grupos criminales organizados, que obtienen ingresos astronómicos como consecuencia de sus actividades delictivas, las cuales no se relacionan exclusivamente con drogas, pues gracias a la diversificación y especialización de sus operaciones, comprometen con visión empresarial el desarrollo de actividades como el tráfico de armas y explosivos, el tráfico de mujeres y menores, trata de blancas, el tráfico ilícito de recursos naturales, el espionaje industrial, el fraude financiero y en seguros, el fraude informático, el contrabando, la extorsión, el terrorismo, la corrupción y el secuestro, entre otros, convirtiendo al lavado de dinero en un volumen económico anual estimado en un trillón de dólares, tres veces superior al presupuesto nacional francés y más del 50% de esta cifra se inyecta en el circuito financiero internacional con capacidad de producir rentabilidad, según informes anuales de la ONU.

Se afirma que entre el 5% y el 10% del PIB mundial se mueve en Europa en torno a la delincuencia organizada, el comercio ilícito y la corrupción, o dicho de otra forma, hablamos de un negocio de un tamaño entre ocho y dieciséis veces la economía española. Una ingente suma de dinero que lucha por encontrar una entrada en el cauce legal.

Estas interrogantes son necesarias para entender, prevenir y evitar la doble moral frente al enriquecedor mundo del crimen como negocio, pues de lo contrario, se seguirá aceptando esta delictiva actividad como oficio ante una sociedad integrada por seres incapacitados por las drogas.

Los inmensos beneficios económicos generados por el tráfico de droga y su posterior lavado de dinero, le ha permitido a la delincuencia organizada construir imperios que combinan economías lícitas e ilícitas, cuyos capitales superan el Producto Interno Bruto de muchos países.

Disponen de colosales sumas de dinero para seducir cualquier obstáculo o adquirir sofisticadas herramientas tecnológicas. Denominado por expertos como "crimen global", la delincuencia organizada erosiona a los Estados y se presenta en la actualidad con esquemas organizativos y operativos similares a los de las grandes empresas y entidades mundiales.

Por citar un ejemplo, la facturación anual de las mafias podemos cuantificarla entre 190 mil y 280 mil millones de euros, el 60% de esta riqueza se va a limpiar en la economía legal. El problema más grande es esa zona gris que se crea en la línea de frontera entre lo legal y lo ilegal.

Las acciones delictivas derivadas del narcotráfico, entre las que se puede mencionar básicamente tráfico de armas, lavado de dinero, trata de personas, entre otros, son ahora "operaciones mercantiles".

Así, la evolución criminal que han tenido las llamadas "maras" en El Salvador, ligándose a la delincuencia organizada, es precisamente producto de la necesidad de extender las actividades mencionadas y abrir mercados y corredores para tales mercancías ilícitas. Si esto es así, como parece evidenciarse cada día, las acciones de la ley y sus agentes, deben organizarse prioritariamente en perseguir el tráfico de la mercancía y el blanqueo del dinero, siendo esto último el verdadero fin de la delincuencia organizada.

Los capitales de la delincuencia organizada consiguen grandes beneficios de la crisis financiera global y les permite infiltrarse de manera fácil en la economía legal. En un artículo publicado en el diario The New York Times que ha tenido una enorme repercusión mundial, y que también fue reproducido por el matutino L' Repubblica de Roma, el escritor napolitano Roberto Saviano, autor del libro "Gomorra", causó un shock profundo en el mundo de las finanzas, al brindar amplias pruebas de la creciente convivencia entre el sistema bancario internacional y la criminalidad organizada mafiosa mundial. (Algañaraz: 2012).

Dinero sucio

La delincuencia organizada con su dinero sucio, adquiere de manera ilícita miles de armas de fuego y millones de municiones de alto poder; corrompe a servidores públicos para ponerlos a su servicio; compra materia prima, precursores químicos y estupefacientes y adquiere sofisticados vehículos terrestres, aéreos y marítimos, equipos de comunicación y sistemas informáticos.

Por si fuera poco, también utilizan su dinero ilegal con la finalidad de reclutar jóvenes como sicarios, vendedores y contrabandistas de dinero, así como para comprar lealtades de pandillas y de otros grupos de delincuentes dedicados a actividades tan diversas como la extorsión, el terrorismo, el secuestro, el robo, el tráfico de indocumentados y la trata de personas, y contratar los servicios de profesionales para mantener la seguridad de sus comunicaciones y ocultar el origen de sus ilícitas ganancias.

Informes de la ONU estiman que la cantidad total de ganancias del crimen, pueden haber sido de aproximadamente del 3,6 por ciento del PIB mundial, excepto aquellas derivadas de la evasión de impuestos. De este total, las ganancias de la delincuencia organizada transnacional, incluyendo el tráfico de drogas, falsificación, tráfico de personas y tráfico ilícito de armas pequeñas, es de aproximadamente de un 70 por ciento que ha sido lavado a través del sistema financiero mundial.

El comercio de drogas ilícitas, responsable por la mitad de todos los ingresos de la delincuencia organizada transnacional, es el más rentable, donde el mercado de la cocaína, es el más lucrativo a través de las fronteras del mundo.

Principales características de la delincuencia organizada

* Desplazamiento rápido a nivel nacional.

* Empleo de medios sofisticados.

* Captación de delincuentes especializados.

* Estructura jerarquizada de la organización.

- Presencia y asesoramiento legal de la organización.

- Rápida articulación de delincuentes y requisitorios.

- Cambios de identidad frecuente.

Corrupción y delincuencia organizada

La corrupción generada por la escasez de bajos sueldos permite a la delincuencia organizada la asignación de recursos ilimitados a instituciones públicas y privadas, especialmente a los cuerpos policiales, jueces, fiscales del ministerio público, agentes aduanales, etc.

El crecimiento ha sido tan explosivo como el número de abogados dispuestos a representar estas causas. Cobran un mínimo de dos a cuatro millones de dólares por juicio y en algunos casos, cuando se trata de clientes ABC, son contactados por prestigiosos estudios de la plaza, que se quedan con una importante comisión. Son connotados litigantes pero son pocos los que trabajan a tiempo completo para bandas de narcotráfico y han sido condenados por tráfico, lavado de dinero y prevaricación.

Todo lo que desorganice la sociedad establecida, desarraigue a las personas, destruya la familia y debilite las normas y los valores establecidos, alentará la aparición de movimientos sociales y/u organizaciones criminales, como medio para obtener dinero fácil y en grandes cantidades, que les permita una vida, aunque corta, muy suntuosa.

Otros indicadores

Pérdida del sentido de pertenencia;

- Sentimiento de que la frustración experimentada es causada por instancias superiores, percibida como intentos deliberados de generar irritación y descontento;

- surgimiento de la agresividad caracterizada por un sentimiento subjetivo de enojo y desagrado;

- conflictos familiares, con amistades, la sociedad, etc.);

- pérdida de la iniciativa personal e irrupción de la actitud de estar a la defensiva y dotado de un alto grado de suspicacia;

- percepción del pasado con agrado y al futuro con angustia;

- incapacidad manifiesta para adoptar cambios indispensables;

- aparición de un sentimiento de apatía o frivolidad ante la situación existente;

- discrepancia notoria entre lo que se desea y espera y las posibilidades de la satisfacción real de las aspiraciones y expectativas.

- marcada tendencia al cinismo y al escepticismo;

- tendencia al individualismo extremo;

- aumento significativo del consumo de drogas y alcohol;

- aumento del gusto por los juegos de azar;

- tendencia al individualismo extremo;

- aumento significativo del consumo de drogas y alcohol;

- aumento del gusto por los juegos de azar;

- el aumento del consumo de cocaína y de drogas sintéticas;

- la incapacidad para detener el flujo de los componentes químicos ilegales;

- el lavado de dinero indetectable;

- el enorme crecimiento en el cultivo de la amapola;

- las penas de prisión de corta duración dado que los principales jefes de los carteles pareciera que forman parte del gobierno.

El narcotráfico y las drogas

El narcotráfico es una actividad ilegal globalizada que radica en el cultivo, fabricación, distribución de etapas comerciales, control de mercados, venta de drogas ilegales y reciclaje de utilidades inherente, que opera de manera similar a otros mercados subterráneos.

Soporte de enriquecimiento

Cabe indicar que la delincuencia organizada ha encontrado en la actualidad un soporte de enriquecimiento que se nutre de las ventajas y exigencias de la apertura de los mercados internacionales. De ahí que ha sido calificada como "el lado oscuro del desarrollo de los pueblos".

Hoy vemos cómo los esfuerzos que realiza la comunidad internacional en la búsqueda de unir acciones en la lucha contra la delincuencia transnacional, aún siguen siendo insuficientes, ya que no garantizan un eficaz y rápido cumplimiento de las rogatorias de cooperación mutua entre los países. Razón por la cual es de suma importancia tomar en cuenta la responsabilidad social, sobre todo la que se mide de cada persona, bien sea por sus acciones o por sus omisiones, sean políticas o económicas.

En todo caso, hay que tomar en cuenta el contraste existente entre la culpa criminal y la doble moral, que generalmente surge por actos de los gobiernos, cuando por acción o por omisión, se ven involucrados en grandes escándalos.

Esa doble moral que se ha vuelto parte de muchos empresarios, políticos, comerciantes y altas personalidades, alimenta a la discriminación social, a la corrupción y a la violencia, a través de una ceguera voluntaria que permite la evasión fiscal, el contrabando, el lavado de dinero y otros delitos graves, originando que la delincuencia organizada avance. Prevenirla, controlarla y erradicarla sólo será posible si logramos mejorar los valores morales, la justicia social y los derechos fundamentales de los ciudadanos, empresarios y gobiernos.

La corrupción va de manos con la delincuencia organizada

Es importante indicar que la delincuencia organizada y la corrupción son dos fenómenos que se hallan estrechamente relacionados. En primer lugar, porque la misma definición estatal de las conductas delictivas favorece la creación de mercados criminales, y en consecuencia de individuos o agrupaciones dispuestos a aprovechar este situación delictiva.

Asimismo, la corrupción tiene la capacidad para penetrar cualquiera de las ramas del poder público ya que las organizaciones criminales, cuentan con muchos métodos y herramientas que les permite ser más factible para lograr la intimidación de un servidor del Estado para que acceda a las finalidades de la organización mediante un determinado acto de corrupción.

Las actividades de la delincuencia organizada se encauzan, en parte, a la captura del Estado por corrupción, ya que es funcional a los intereses del grupo criminal la perversión de la función pública, en orden a que sea favorable a sus intereses.

Con frecuencia, la delincuencia organizada no se centra en combatir al Estado, sino en permanecer al margen de la persecución de las autoridades estatales, y en muchos casos, en la corrupción de las autoridades que tienen que ver con sus actividades ilícitas, o que son favorables a sus intereses.

En esta problemática existe un universo de delitos en el que puede incurrir el servidor público corrupto, que usualmente serán aquellos que atentan contra el bien jurídico de la administración pública, y de otra parte, los actos ilícitos cometidos por una persona que decide, de manera voluntaria, favorecer un interés particular, a cambio de una contraprestación o una dádiva.

La pretensión de los grupos de delincuencia organizada es la obtención del poder político, el cual sólo es de interés a los fines de garantizar la protección del gran negocio.

Diversos estudios sobre el tema coinciden en que el propósito de la delincuencia organizada no es competir con el Poder del Estado, sino utilizarlo para sus propósitos y objetivos. Se habla de Narco Estado.

Es de indicar que el Estado sigue siendo el principal referente y objeto de análisis geopolítico, porque es el actor más importante del Sistema-Mundo, por lo que no podemos negar que las organizaciones criminales transnacionales constituyen auténticos poderes, que incluso muchas veces son tomados marginalmente por los estudiosos. Son poderes con autonomía política que pueden llegar a configurar Estados criminales, narco Estados o narco democracias.

Las organizaciones criminales transnacionales constituyen un auténtico actor político dotado de voluntad, autonomía y capacidad de influencia en las Relaciones Internacionales.

La aparición de la delincuencia organizada transnacional como sujeto geopolítico cobra sentido dentro del estudio de las organizaciones, tanto las criminales transnacionales tanto como las mafias, y del flujo de productos criminales, drogas, armas, prostitución, etc. Esto suma una nueva geografía de los poderes económicos con una jerarquía cualitativa funcional de lugares, redes económicas, paraísos fiscales-empresas fantasmas, cibermafias, etc.

El desarrollo de una interacción corruptora con los sectores legítimos de poder permite amasar recursos, capital, información y conocimiento empresarial, hasta alcanzar la etapa simbiótica, estado en el que los sectores políticos y económicos se hacen dependientes de los monopolios y redes delictuales.

En esta evolutiva del poder criminal se fusionan Estado y delincuencia organizada. Las tres etapas que podemos caracterizar de las organizaciones criminales transnacionales son:

A. Grupos de influjo emergente, que surgen de la debilidad de la sociedad civil, de la insurgencia o del conflicto.

B. Organizaciones transnacionales o de vínculo, alimentadas por vínculos simbióticos establecidos con sectores específicos del Estado.

C. Organizaciones corporativizadas o consolidadas, que están profundamente incrustadas en los sistemas políticos y económicos, y sus vastos recursos les habilitan para atenazar al Estado, siempre y cuándo lo deseen.

En consecuencia, la geopolítica de la delincuencia organizada tiene como nuevo campo el estudio, evaluación y proyección en el campo de la ciencia política y las relaciones internacionales de los actores no estatales criminales y su capacidad de autonomía, si no se le opone un plan de acción de erradicación, y las posibles configuraciones de Estados criminales, en caso de fracasar en ella.

Según estimaciones de la Oficina de Naciones Unidas contra la Droga y el Delito (ONUDD) de Colombia, allí se produce la mayor cantidad de toneladas de cocaína pura, al igual que en Perú y Bolivia.

En este momento, el principal productor de coca es Colombia, con cerca de 140.000 hectáreas, aproximadamente. En Perú, los cultivos alcanzan las 90.000 hectáreas y en Bolivia las 70.000. En Ecuador y Venezuela sólo se han podido verificar pequeños sembrados de coca, que no suelen sobrepasar las 100 hectáreas.

La ONUDC sostiene que los traficantes no sólo adquieren empresas, sino que también compran elecciones, candidatos, partidos y altos mandos de los ejércitos. Recientes casos como en

Colombia, Bolivia, Venezuela, México, Honduras, Guatemala, El Salvador, Italia, por nombrar algunos países, muchas de sus elecciones presidenciales han sido compradas por narcotraficantes.

ONUDC supone que el notable crecimiento de inversiones extranjeras directas en algunos países de África y Europa y el crecimiento de transferencias en dirección opuesta, posiblemente provenga de las actividades financieras del narcotráfico para lavar dinero.

Principales Cárteles en América

Varios cárteles de drogas se especializan en procesos separados a lo largo de la cadena de suministro, a menudo focalizados para maximizar su eficiencia.

Dependiendo de la rentabilidad de cada parte del proceso, los cárteles varían en tamaño, consistencia y organización. La cadena de mando, por ejemplo en El Salvador, va desde los traficantes "maras" callejeros de bajo rango, también llamados "camellos", a los jefes de los cárteles que controlan y dominan la producción y distribución. Estos son los que, junto a los intermediarios financieros que les ayudan a 'potabilizar' el dinero conseguido, dominan el bajo mundo de las drogas.

Estos imperios multinacionales rivalizan en tamaño con los estados nacionales. Se involucran en elecciones, infiltran aparatos de Estado y los medios masivos de comunicación y conviven con algunos agentes de la banca y de la industria formal.

Los primeros narcotraficantes en Sudamérica surgieron (entre 1947 y 1964), especialmente en Bolivia y Perú, con sus ramales que se extendieron por Cuba y México para llevar su mercancía hasta los Estados Unidos.

El boom del narcotráfico en América Latina se da por los años setenta, que es cuando ese negocio ilegal experimenta un crecimiento exponencial que daría forma a los grandes cárteles de la droga que se consolidaron y dominaron, como por ejemplo en Colombia hay 4 cárteles: El Cártel de Medellín, El Cártel de Cali, El Cártel del Norte del Valle y El Cártel de la Costa.

Cártel de Medellín: sus miembros más conocidos fueron Pablo Escobar como jefe máximo, Gonzalo Rodríguez Gacha, Carlos Lehder, y los hermanos Ochoa (Fabio, Jorge Luis y Juan David). Su origen se remonta a mediados de 1976.

Cártel de Cali: encabezado por los hermanos Gilberto y Miguel Rodríguez Orejuela. Se calcula que el total de dinero que movieron en la década de 1980 y 1990 fue de varios miles de millones de dólares, los cuales siguen en paradero desconocido.

Cártel del Norte del Valle: tenía como cabeza visible a los hermanos Henao, Fernando Henao, Arcángel Henao, Lorena Henao y en especial al temible Orlando Henao, jefe máximo del cártel. La historia de esta organización es la que se narra en el libro hecho serie "El cártel de los sapos", escrita por Andrés López, alias Florecita.

Cártel de la Costa: controlaba la región del Caribe. El jefe era Alberto Orlandez Gamboa, alias Caracol, quién fue arrestado el 6 de junio de 1998 y posteriormente fue extraditado a Estados Unidos.

En México los principales cárteles son: Cártel de Tijuana. Cártel del Golfo. Cártel de Sinaloa, Cartel de Guadalajara, Los Zetas, La Familia Michoacana, Cártel de Jalisco Nueva Generación, Cártel del Noreste, Los Viagras, Cártel de Juárez (Brazo armado La Línea), Cártel de Nueva Plaza, Cártel del Sur.

Cártel de Tijuana: también conocido como el Cártel Arellano Félix. Compite en la demanda y movimiento de droga con los otros grandes cárteles en México, principalmente el Cártel de Sinaloa, Juárez y el del Golfo.

Cártel del Golfo: fue iniciado por Juan Nepomuceno Guerra en los años 70 comenzando como contrabandista. Fue creciendo hasta posicionarse políticamente, lo que le ha permitido mantener un control de jefes de la policía y directores de penales en México.

Cártel de Sinaloa: actualmente el FBI ha confirmado que esta organización criminal ya tiene la plaza de Juárez. Su líder máximo es Joaquín "El Chapo" Guzmán. Hoy está considerado como el "enemigo público Nº 1".

Cártel de Juárez: fue recientemente el cártel que se ha transformado en la Alianza del Triángulo de Oro, por su liderazgo en los estados de Chihuahua (fronterizo con Texas al norte), Durango y Sinaloa. Hasta 2004, la organización era liderada por Juan José Esparragoza Moreno, también conocido como El Azul, siendo reemplazado en el 2005 por Vicente Carrillo Fuentes, alias El Viceroy.

Cártel de Guadalajara: creado en la década de los años 1980 por Rafael Caro Quintero y Miguel Ángel Félix Gallardo. Fue uno de los primeros cárteles de droga mexicanos en trabajar con las mafias de cocaína colombianas. Una de sus principales líderes era Sandra Ávila Beltrán.

Los Zetas: se formó a partir de un grupo de militares que desertaron de la milicia mexicana. A principios del mes de marzo del 2010 se confirma la separación de facto de Los Zetas, del Cártel del Golfo. Su principal líder es Heriberto Lazcano, "El Lazca".

La Familia Michoacana: el área de influencia de este cártel se expandió hacia el norte de México y en los Estados Unidos. Sus líderes son José de Jesús Méndez Vargas y Nazario Moreno González, con Servando Gómez Martínez (La Tuta) como el coordinador operativo. Muchos han muerto y otros están presos.

Aunque el gobierno mexicano asegura que la droga del fentanilo, considerado 100% más potente que la heroína, no se produce en el país, sí reconoce que son los cárteles del Pacífico y el Jalisco Nueva Generación los que encabezan el trasiego de la letal droga hacia Estados Unidos.

El Cártel del Pacífico, el Jalisco Nueva Generación, organizaciones de Michoacán, todos los grupos criminales que tienen presencia en el Pacífico manejan este tipo de drogas.

Pablo Escobar Gaviria

El mayor narcotraficante de la historia: Pablo Emilio Escobar Gaviria, en la población Río Negro, nació el 1º de diciembre de 1949. Murió en Medellín, el 2 de diciembre de 1993. Fue el líder absoluto del cártel de Medellín y sin discusión alguna el jefe máximo de la mafia colombiana y quizás del mundo.

La venta de drogas le trajo beneficios de entre 20 y 25 mil millones de dólares en su mejor temporada. Su principal sicario y brazo derecho fue Jairo Velásquez Vásquez, alias "Popeye", a quien vincularon con más de 5.500 asesinatos, hoy está muerto al igual que muchos de los narcos que se involucraron con Pablo Escobar.

Pablo Escobar Gaviria

Cabe indicar que los narcotraficantes más buscados por los funcionarios de la DEA, después de Pablo Escobar Gaviria, muchos de ellos presos, muertos y en fuga, son entre otros: Joaquín Archivaldo Guzmán Loera; alias "El Chapo Guzmán", Manuel Aguirre Galindo; alias "El Caballo" y Edgar Leyva Escandón.

El Chapo Guzmán

El Chapo Guzmán fue incluido en la lista de las personas más ricas del mundo y fue también el "Enemigo Público Nº 1", con el cártel Los Zetas y el de Sinaloa por casi tres generaciones dedicadas al crimen como oficio y negocio.

Joaquín Archivaldo Guzmán Loera, alias "El Chapo Guzmán"

Se inició en el mundo de las drogas a los 15 años cuando comenzó a cultivar y vender marihuana y opio, *"la única manera de tener dinero para comprar comida y sobrevivir"*, según dijo en su famosa entrevista con el actor Sean Penn.

Es uno de los capos de la droga más conocidos de la historia y pasará el resto de sus días en una celda, luego de protagonizar fugas de prisiones y un juicio de película. Pasó de la cima del mundo del crimen a una cárcel de máxima seguridad en Estados Unidos.

Pero el historial criminal por el que se le ha condenado no comenzaría hasta los años ochenta, como lugarteniente y hombre de confianza de Miguel Ángel Félix-Gallardo, "El Padrino", fundador del primer cártel de Guadalajara (México). Entonces, sin apenas estudios, el Chapo diseñó una estrategia para transportar cocaína y marihuana desde Colombia a Estados Unidos en aviones, que hacían el viaje de vuelta a México cargados de dólares.

En la década de los noventa, con la detención en 1989 de Félix-Gallardo, Joaquín 'Chapo' Guzmán decidió ir por libre y crear el cártel de Sinaloa, que luchó contra sus rivales para hacerse con el control del narcotráfico en Guadalajara y que desde comienzos de los noventa, transportó la droga entre Estados Unidos y México a través de túneles.

Conocido y admirado por su excéntrica vida de lujo, Guzmán amasó tal popularidad en su región que se convirtió en el protagonista de decenas de canciones, lo que no impidió que fuera arrestado por primera vez en 1993 y condenado a 20 años de prisión, desde donde siguió estando a cargo del cártel.

Hoy está condenado a cadena perpetua en los Estados Unidos, sentencia que se produce después de haber sido declarado culpable de narcotráfico por un jurado tras un largo juicio, por el que se pasearon decenas de testigos que dieron todo tipo de detalles sobre su extensa red de negocios y su carácter despiadado, que le llevó a asesinar a miembros de su propia familia.

El sistema judicial de EE.UU. le condena a pasar el resto de sus días entre rejas, previsiblemente en duras condiciones de aislamiento para garantizar que no vuelva a escaparse de la cárcel, como ya hizo en México en un par de ocasiones.

La primera fuga fue de la prisión de Puente Grande el 19 de enero de 2001, y la segunda y más conocida, del penal de El Altiplano el 11 de julio de 2015, de donde salió por un túnel al que se accedía desde su propia celda.

Su último arresto, que desembocó en su extradición a Estados Unidos en enero de 2017, lo llevó a pasar dos años y medio en una unidad de aislamiento del Centro Correccional Metropolitano, en Manhattan, donde había estrictas condiciones de su seguridad para el encierro.

El Chapo Guzmán cumple condena en una prisión de EE.UU.

Condenado en el penal Alcatraz

El penal para su larga condena es el ADX Florence, conocido como el "Alcatraz de las Montañas Rocosas" o Supermax, ubicado a 90 millas al sur de Denver (Colorado), que abrió sus puertas en 1994 para albergar a los reos que representan una amenaza para la seguridad nacional.

Allí, permanecerá 23 horas al día en una celda de paredes de hormigón a prueba de sonido para evitar la comunicación con otros reos, entre los que se encuentra el franco-marroquí Zacarías Moussaoui por su conspiración en los atentados terroristas del 11-S.

En los juicios salía de todo

El jurado del juicio contra Joaquín El Chapo Guzmán Loera escuchó espeluznantes recuentos de torturas y asesinatos cometidos por el acusado, cuando Isaías Valdez Ríos, último testigo cooperante del Gobierno de EE.UU., trabajó como parte del equipo de seguridad del Chapo.

Valdez Ríos, extraditado a EE.UU. en 2014 y que desde entonces aguarda su condena en una cárcel federal, explicó con detalles cómo Guzmán Loera, su exjefe y al que aún se refiere como "el señor", torturó y asesinó a miembros del cártel de los Arellano Félix y a dos más del grupo rival de los Zetas.

El testigo aseguró haber presenciado cuando, alrededor de 2006 o 2007, en el pueblo de Bastantita en el estado mexicano de Durango, el acusado ordenó a uno de sus secretarios que recogieran a un miembro del Arellano Félix que les enviaba en un avión Ismael El Mayo Zambada, otro líder del cártel de Sinaloa.

"Venía bastante torturado", dijo el testigo, para recordar además que informaron a Guzmán Loera de que el sujeto estaba *"quemado con plancha de ropa y con marcas de encendedor de coche"*, y que tenía la camisa pegada a la piel y sus pies estaban quemados.

De acuerdo con Valdez Ríos, conocido como Memín, y que comenzó a trabajar en la seguridad del acusado en el 2004 tras haber sido miembro de las fuerzas especiales del ejército mexicano, su jefe se molestó por las condiciones en que le habían enviado al sujeto. *"¿Por qué nos han enviado a un tipo traidor así? Lo hubieran matado"*, según dijo el testigo que habló el Chapo en esa ocasión y así era con todos los enemigos que tenía y a quienes ordenada asesinarlos.

Apodado 'Chapo' por su baja estatura, nació el 4 de abril de 1957 en la localidad de Badiraguato (Sinaloa, norte de México). El todopoderoso emperador de las drogas creció en una familia pobre en un rancho conocido como La Tuna.

Su capacidad para evadir a las autoridades le ayudó a ser aclamado por delincuentes de todo pelaje, siendo especialmente admirados también los famosos túneles con los que hacía llegar toneladas de drogas y dinero de México a Estados Unidos.

También es uno de los puntos destacables de su 'negocio' la red de empresas creadas para lavar dinero de manera fraudulenta, negocios que alcanzan las 288 compañías, entre las que destacaban aerolíneas, inmobiliarias, mineras, estaciones de bencina y tiendas de ropa.

Todo ello controlado por 230 'operadores', entre los que estaban miembros importantes de otros seis cárteles extranjeros y familiares. No es de extrañar, por tanto, que la fiscalía federal de México ofreciera 60 millones de pesos (algo más de tres millones de dólares) por datos que llevaran a la captura del narcotraficante, y que el Gobierno de EE.UU. logró su extradición.

El Cártel de los Soles

Según la ONUDC el Cartel de los Soles es una red de narcotráfico conformada por oficiales de la Fuerza Armada de Venezuela. En un informe de la Junta Internacional de Fiscalización de Estupefacientes (JIFE) se afirma que en Venezuela, los grupos delictivos han logrado infiltrarse en las fuerzas de seguridad gubernamentales y han creado una red informal conocida como el Cártel de los Soles para facilitar la entrada y salida de drogas ilegales.

Viene a ser una organización criminal al estilo de Pablo Escobar, que se sostiene a través de una estructura de poder al margen de la ley, que operan y realizan actividades de extorsión con la complicidad de oficiales de mando de la Fuerza Armada destacados en puertos, aeropuertos, alcabalas de tráfico y cualquier movimiento que pase por las fronteras de Venezuela, con la base principal del tráfico de drogas ilícitas, especialmente cocaína.

El "Cártel de los Soles" habría sido utilizado por primera vez en 1993, durante el gobierno del presidente Carlos Andrés Pérez, cuando dos generales de la Guardia Nacional Bolivariana, Ramón Guillén Dávila (jefe antidroga) y su sucesor Orlando Hernández Villegas, fueron investigados por tráfico de drogas en Venezuela y Colombia. Cada uno portaba en sus hombros la insignia de un solo Sol que caracteriza a los generales de brigada, dando lugar al nombre "Cártel del Sol".

Los Soles, como otras organizaciones, entre ellas las FARC o ELN, comenzaron a trabajar por ideología para luego convertirse en un cártel de narcotráfico. En esta ocasión la diferencia es que no sólo lo manejan líderes guerrilleros, sino la cúpula de un gobierno y un ejército corrupto.

Entre sus principales integrantes, según la DEA y el Departamento de Estado de EE.UU, aparecía, por ejemplo, Hugo Carvajal, quien durante años inquietó a Washington debido a los vínculos del régimen chavista con la guerrilla colombiana de la FARC y ELN, entre otros.

Ahora, tal y como confirman fuentes oficiales en Washington, el Cártel de los Soles maneja el trasiego en asocio con las FARC, guerrilla colombiana que se financia con el dinero de la droga. Investigadores en España, Inglaterra y Alemania han podido verificar que anualmente pasan por Venezuela entre 200 y 400 toneladas de coca colombiana que terminan en EE.UU. y Europa.

En el 2005, Chávez cerró las oficinas de la DEA en Caracas, acusando a sus agentes de espionaje. La corrupción imperante en las fuerzas armadas venezolanas es tal, que buques de la armada escoltan hasta aguas internacionales botes pesqueros que mueven la cocaína colombiana por la ruta africana. Desde el aeropuerto internacional de Maiquetía salen vuelos comerciales cargados de drogas. El Cártel de los Soles también trabaja con movimientos islámicos extremistas como el Hezbollah, organización terrorista controlado por Irán.

Se dice que el ex ministro del Interior, Ramón Rodríguez Chacín, facilitó como enlace las operaciones de las FARC en Venezuela, contando con los generales Carvajal y Rangel en puestos claves en las fuerzas armadas venezolanas el poder del Cártel de los Soles se incrementó.

El ex director de Inteligencia Militar (entre 2004 y 2009) entró hace seis años a la lista Clinton, señalado de apoyar el narcotráfico de las FARC. Lo que no se conocía es que desde mayo del 2013 tenía una orden de captura expedida por una corte en Florida.

LAS RUTAS DEL CÁRTEL DE LOS SOLES

1. La droga es producida por la guerrilla colombiana de las FARC.

2. Hace escala en Venezuela.

3. Cuba protege y asiste algunos de los cargamentos que salen de Venezuela.

4. La droga llega a EE.UU.

OTRAS

La droga va hacia República Dominicana y Honduras. Otra ruta es por tierra hasta Surinam, luego en avión o en barco a África Occidental y de ahí hasta Europa.

Fuentes: Fundación Crimen Organizado en las Américas y diario ABC

La DEA y el Departamento de Justicia lo señalan no solo de apoyar el tráfico de cocaína desde su país, sino de vender directamente cientos de kilos de cocaína y de invertir grandes sumas de dinero en cargamentos de droga que fueron enviados a Estados Unidos y México por el cártel del Norte del Valle, utilizando además al capo colombiano Wilber Varela, alias 'Jabón', inicialmente a cambio de protección y le daban información en relación con otras autoridades de los operativos que realizan en la región.

El Cártel de Los Soles, maneja el cobro por porcentajes a terceros en las operaciones de cárteles locales, colombianos y mexicanos, además de realizar directamente el narcotráfico internacional, contrabando de gasolina, minería irregular, explotación de madera, reventa de productos regulados, tráfico de armas y municiones en el sistema carcelario y en las bandas delictivas que operan en Venezuela, con la figura de "colectivos".

Acusaciones de un ex integrante del Cártel de los Soles

Leamsy Salazar fue durante casi 10 años el jefe de seguridad y asistente personal de Hugo Chávez y, tras la muerte del líder bolivariano, sus servicios fueron requeridos por otros integrantes del chavismo dentro del entramado político venezolano.

De acuerdo con lo que publicó en su oportunidad el diario ABC de España, Leamsy Salazar llegó a Washington en calidad de testigo protegido por los Estados Unidos para declarar en la causa que vincula a altos miembros de la política y sector militar con el narcotráfico, debido a que se desempeñó como jefe de seguridad del presidente de la Asamblea Nacional, en ese entonces, Diosdado Cabello y también fue su asistente personal.

Miembro de la Casa Militar, encargada de la custodia presidencial, Salazar era el militar activo de mayor rango (capitán de corbeta, equiparable a comandante) que rompió en esa época con el chavismo para acusar formalmente en los Estados Unidos de prácticas delictivas a las altas jerarquías del país, en especial la relacionada con el narcotráfico.

En la Fiscalía Federal del Distrito Sur de Nueva York, Salazar denunció a muchos cabecillas del Cártel de los Soles, vinculándolos a Cuba en la protección y asistencia de algunas rutas de narcotráfico que parten de Venezuela y se dirigen a los Estados Unidos y Europa, básicamente con los cárteles mexicanos.

Cabe indicar que desde el estado Apure, el Ejército y la Fuerza Aérea, informan con frecuencia de exitosas neutralizaciones de aeronaves con patente mexicana, en su mayoría. Pero en los reportes aparecen solamente las aeronaves destruidas, pero nunca datos sobre sus tripulantes o eventuales incautaciones de droga.

Pero más nada, aun cuando el gobierno del régimen chavista sigue publicando información acerca de las incautaciones y de avionetas caídas y por supuesto, incendiadas para no dejar rastros ni evidencias.

En Maturín, por ejemplo, capital del estado Monagas, fue asesinado en 2004 el periodista Mauro Marcano, quien denunciaba en sus programas de radio y columnas el creciente poder del cártel de los Soles en la zona. La justicia condenó por el crimen a un capo local, Ceferino García.

Antes de ser asesinado a tiros, Marcano acusó al comandante de brigada de la Guardia Nacional y director de inteligencia Alexis Maneiro, y a otros miembros de la Guardia Nacional, de vínculos con el narcotráfico. El caso de Marcano sugirió una corrupción sistemática en la Guardia Nacional; sin embargo, el gobierno hizo un esfuerzo poco entusiasta para investigar su asesinato. No se abrió investigación contra Maneiro, y fue trasladado a una posición menos visible.

Otros Casos

Se han presentado incidentes como el caso de la "narcoavioneta" en 2011, un pequeño avión capturado en el estado norteño de Falcón, con unos 1.400 kilos de cocaína, fue descubierto despegando de la base militar La Carlota en Caracas en agosto de 2011. Los portavoces militares de la Fuerza aérea y el gobierno emitieron comunicados dando explicaciones disímiles frente a lo ocurrido.

Otro caso que se dio en septiembre de 2013, esta vez involucrando a un avión de pasajeros, condujo a la detención de 28 personas, entre ellos un teniente coronel, y otros miembros de la Guardia Nacional. El 10 de septiembre, un avión de Air France aterrizó en París con 1,3 toneladas de cocaína a bordo, empacadas en 31 maletas. El avión había despegado del aeropuerto de Maiquetía en Caracas, controlado por la Guardia Nacional. De inmediato quedó claro que había una amplia colaboración de los miembros de las fuerzas armadas.

Pese a que se dieron una serie de arrestos de miembros de la Guardia Nacional involucrados en el caso, todos eran oficiales de bajo rango. A pesar del hecho, no se hizo responsable a ningún alto funcionario.

En la Lista Clinton del Departamento del Tesoro, agrupó a los jefes del narcotráfico a los que EE.UU. impone sanciones, siendo la mayoría de ellos ex oficiales militares con cargos en el gobierno, políticos y demás personajes aliados el régimen chavista.

Entre algunos están: Tareck el Aissami, ministro y mano derecha de Nicolás Maduro Moros, general Mota Domínguez; general Néstor Reverol, general Luis Felipe Acosta Carlez, Hugo Armando Carvajal Barrios, exdirector de inteligencia militar en ese entonces, Henry de Jesús Rangel Silva, a quien Chávez nombró comandante de las fuerzas armadas y ministro de defensa en enero de 2012.

Están también: Ramón Emilio Rodríguez Chacín, exminis-
tro de interior y justicia. Cliver Antonio Alcalá Cordones, jefe
de la Región Estratégica de Defensa Integral de Guyana del
Ejército (REDI Guyana). Freddy Alirio Bernal Rosales, exalcal-
de de Caracas. Exoficial de inteligencia Ramón Isidro Madriz
Moreno. Amílcar Jesús Figueroa Salazar, un político descrito
como un traficante de armas para las FARC (…) y un contacto
principal para los líderes de las FARC asentados en Venezuela.
Hugo Rafael Chávez: Hijo de Hugo Chávez, se encargaría de
organizar el traslado de cocaína en aviones de la paraestatal,
Petróleos de Venezuela vía Cuba, con destino final a Estados
Unidos. José David Cabello: Superintendente del Servicio de
Administración aduanera y tributaria, encargado de lavar di-
nero a través de la paraestatal Petróleos de Venezuela y Ger-
mán Sánchez Otero: Ex embajador de Venezuela ante Naciones
Unidas, removido del cargo tras hallarse droga en su vuelo,
su hijo organizaría traslado de droga en aviones de PDVSA.
Entre otros.

EE.UU. incluyó en su lista de búsqueda al régimen de Nicolás Maduro

A lo largo de la historia del Cártel de los Soles ha habido muy poca investigación sobre la mala conducta profesional, y hay muchas pruebas que sugieren que la integridad de las fuerzas armadas se ha visto gravemente comprometida por la delincuencia organizada.

Precio de las drogas ilegales

La delincuencia organizada tiene numerosos negocios delictivos, dentro de los cuales destaca el narcotráfico, del cual se prenden para obtener millonarias sumas de dinero. Por ejemplo, un kilo de coca le cuesta al productor dos mil euros, mientras que al narcotraficante le representa una suma de dinero entre veinte y cuarenta mil euros. A la mafia Calabresa, unos cien mil. Cuando llega a Madrid, a París, a Milán, a Berlín cada kilo se ha convertido en cuatro. Y cada uno de ellos vale miles de euros. No hay producto en el mundo que genere mayor riqueza.

Rutas de la penetración de las drogas duras

España es uno de los principales centros europeos de lavado de dinero en el mundo y puerta de entrada de droga, según lo afirma el informe del año 2019 que hizo el departamento de Estado de EE.UU., dentro del ranking de los 64 países del mundo más preocupantes.

La delincuencia organizada ha penetrado Alemania, España, Suecia, Canadá, Gran Bretaña, Estados Unidos, Colombia, Brasil, Argentina, Bolivia, Guatemala, Venezuela, Australia, China, Birmania, y numerosos países africanos y México, entre muchos otros.

El desarrollo de las organizaciones criminales ha llevado a generar grandes cantidades de riqueza y a controlar diferentes rutas de la droga entre países de América Latina hacia Europa, esto representa otra cara de la globalización capitalista, es una muestra del fuerte movimiento de capitales adquiridos a través del tráfico de droga y la capacidad que tienen de lavar el dinero en la economía legal.

¿Cómo viaja la droga?

La cocaína se produce en Colombia. Perú y Bolivia. La droga sale de Sudamérica generalmente desde Venezuela (país puente), hacia Honduras y México, de donde parte a los Estados Unidos de América, Europa, Asia y Oceanía.

Tráfico de cocaína
Rutas y países de tránsito

En África, se establecen en grandes depósitos de cocaína y allí la droga es traficada desde las playas del Golfo de Guinea por tierra en camiones hasta Marruecos, y de allí a Europa.

La droga llega a España en avionetas, aunque también en planeadoras, y barcos veleros.

El tráfico al por mayor, se transborda en alta mar de cargas grandes provenientes de América del Sur a barcos pesqueros o lanchas, de la mafia cuyas tripulaciones están acompañadas por un supervisor suramericano, y las dejan en un almacén provisional en el continente africano.

De ahí, la cocaína después de ser reempaquetada, se trafica mediante yates, buques de carga o nuevamente barcos pesqueros y lanchas, hacia Europa, principalmente Galicia y la costa norte de Portugal.

Buques de carga, barcos pesqueros y yates transportan desde 10 hasta 100 toneladas de cocaína, según la ONUDD e INTERPOL. La carga ilegal se transborda en alta mar; por eso muchos pescadores dejan de pescar y son contratados para la recogida de los suministros de cocaína.

Aparte del tráfico marítimo, los traficantes de droga sudamericanos utilizan pequeños aviones o avionetas remodelados y ajustados para vuelos transatlánticos, que despegan de Colombia, Brasil, Venezuela o Surinam y aterrizan en pistas ilegales en África Occidental, partiendo luego a Estados Unidos, México, Costa Rica, pasando por Panamá.

La Cosa Nostra, la 'Ndrangheta y la Camorra, han ido paulatinamente colonizando el mundo, pues se trata de una historia que en un principio fue de inmigración, luego económica, social y moderna.

Se han identificado tres principales rutas marítimas en dirección a Europa: la "ruta del Norte", con origen en el Caribe, discurre a través de las Azores en dirección a Portugal y España; la "ruta Central", desde América del Sur a través de Cabo Verde o Madeira y las Islas Canarias hacia Europa, y más recientemente ha aparecido la "ruta Africana", que va desde América del Sur hacia África Occidental y desde allí principalmente a Portugal y España.

Factores que la benefician

- Narco Estado

- Corrupción

- Los Estados burocráticos, lentos y pesados

- Instituciones débiles

- La ceguera voluntaria

- La doble moral política

- El crimen tecnológico, moderno e innovador

- Incapacidad manifiesta

Capítulo V
LAS MAFIAS Y SU POTENCIAL INFLUENCIA EN LA POLÍTICA

Para identificar algunas dimensiones de una mafia legítima o auténtica, la "Geopolítica del Crimen" tiene como objeto de análisis el control territorial, capacidad de orden y dominación, sentido de jerarquía y obediencia, secreto e iniciación, dimensión ética y familiar, multicriminalidad, mitos y leyendas, antigüedad y vocación de permanencia.

La historia contemporánea es incompleta si se niega la existencia del hecho criminal. En términos geoestratégicos, la diferencia entre el terrorismo y la gran delincuencia organizada consiste en distinguir que el primero es clandestino y subversivo por naturaleza, y la segunda es parasitaria y encubierta. Se formula en la siguiente ecuación: crimen de muy alta intensidad y muy baja visibilidad.

Y mientras el terrorismo en la mayoría de los casos es antisistema, incluso el terrorismo de Estado, la criminalidad permite identificar distintas etapas evolutivas: de lo predatorio y parasitario a lo simbiótico, a la par que explica las dinámicas relacionales entre la delincuencia organizada y las organizaciones políticas.

Mafias

Mafia es un término utilizado a nivel mundial que se refiere a una clase especial de delito organizado, extendido desde su origen en Italia meridional a cualquier grupo del crimen con similares características, independientemente de su origen o lugar de acción.

Las mafias en el mundo

Nació en Sicilia donde se denominó "Cosa Nostra" o mafia, y en su origen era una confederación dedicada a la protección y el ejercicio autónomo de la ley (justicia vigilante) y, más adelante, al crimen organizado. Sus miembros se denominaban a sí mismos "mafiosos", es decir, "hombres de honor". Los miembros de los distintos clanes o familias mafiosas emplean una serie de "códigos de honor" inviolables, de los cuales el más conocido es la "Omertá o ley del silencio". Actualmente el término también se usa para simples grupos delictivos.

Poder, negocios y muerte

Donde llega la mafia, llega su dinero, estableciendo con él relaciones políticas y económicas. Hablan con el gobierno nacional y local, con los responsables de la política social, con la administración pública, con el notario que hace las transacciones, con los empresarios. *"Podría existir una política sin mafia, pero no una mafia sin política"*. Cita: Francesco Forgione. Italia. 2007.

El alcance económico y el poder que tiene la mafia a nivel internacional, gracias a sus relaciones con la policía, la justicia, los gobiernos, el sector empresarial, el contrabando y el narcotráfico, mueven en Europa miles de millones de euros anuales. De ese dinero, un 40% se utiliza para financiar actividades criminales. El 60% restante se va a la economía legal, se blanquea de manera lícita.

La mafia o Na máchina mafiusa, es el término que utilizaron en 1863 los fundadores de la mafia en Sicilia, Italia y cuya globalización se extiende por todo el mundo. Su riqueza va a lavarse generalmente en la economía legal, haciendo perder la frontera entre economía legal e ilegal.

Muchos bancos comerciales utilizan estos depósitos para financiar sus actividades de préstamo e inversión en la economía tanto legal como ilegal. El dinero sucio se canaliza también hacia inversiones respetables en los mercados financieros.

En muchos países, las organizaciones criminales se convirtieron en los acreedores del Estado y ejercen, por su acción en los mercados, una influencia sobre la política macroeconómica de los Gobiernos.

Las mafias efectúan inversiones significativas en muchos bancos industriales y de negocios, que controlan en parte las sociedades de corretaje, las Casas de Bolsa y los grandes gabinetes jurídicos. Para lavar el dinero sucio, utiliza algunos de los más grandes bancos americanos, europeos y asiáticos, así como las sociedades de inversión o las especializadas en las ventas de oro y divisas, además de negociaciones financieras.

Mafias más conocidas

- La Cosa Nostra
- Ndrangheta

- La Camorra
- Las Triadas Chinas

- La Yakuza Japonesa
- La Mafia Rusa
- Los Carteles Mexicanos y Colombianos
- Triángulo de Oro
- Sacra Corona Unita

La Sacra Corona Unita es una organización criminal mafiosa de la región de Apulia (en italiano Puglia) en el sur de Italia, y especialmente activa en su capital Bari. Es relativamente reciente: nació en 1983. La Sacra Corona Unita tiene conexiones con la Ndrangheta, Camorra y la Cosa Nostra. Operan con la venta de drogas, prostitución, extorsión, lavado de dinero y narcotráfico.

Mandamientos que todo mafioso habría de cumplir

El primer mandamiento prohíbe *"prestar dinero directamente a un amigo"* y aconseja, si es necesario, hacerlo a través de una tercera persona.

El segundo coincide con los mandamientos para los católicos, *"no se miran a las mujeres de nuestros amigos"* o la traducción de Cosa Nostra del *"no desearás a la mujer del prójimo"*.

El tercer mandamiento prohíbe cualquier tipo de relación con la policía y además, el verdadero *"hombre de honor"* tampoco se deja ver por tabernas y círculos sociales, como explica el cuarto. Y, si el deber le llama, tiene que estar disponible en cualquier momento, incluso, cita el quinto mandamiento, *"si su mujer está a punto de parir"*.

El documento, entre decálogo mafioso y manual de buenas maneras, exige a los hombres de Cosa Nostra *"puntualidad"* y el respeto *"de manera categórica"* de todas las citas. En el séptimo, después de que se prohíbe desear a la mujer del prójimo, se exige *"el respeto a la esposa"*.

El octavo obliga a *"decir la verdad"* a cualquier pregunta y en cualquier situación. Mientras, el noveno hace referencia a una de las reglas de la *"dignidad"* mafiosa: se puede matar, extorsionar, traficar, pero nunca *"robar el dinero de otras personas o de otros clanes mafiosos".*

El decálogo se completa con un mandamiento más complejo, en el que se dan indicaciones precisas sobre quién puede formar parte de Cosa Nostra o, más bien, quién no podrá jamás entrar en la *"familia".*

Cosa Nostra no permite la entrada *"de quién tiene un familiar en las fuerzas del orden"*, quién ha *"traicionado sentimentalmente"* a la mujer, tiene *"un mal comportamiento o no demuestra valores morales".*

En Italia hay cuatro mafias principales: La Cosa Nostra (Sicilia), La Camorra (Nápoles), la Ndrangheta (Calabria) y la Sacra Corona Unita (Puglia). Están estructuradas de la siguiente manera:

- Don Famiglieri' (base de la familia)

- Administrazione (la jerarquía más alta de una familia del crimen organizado)

- Capofamiglia o Don (jefe o cabeza de familia)

- Consigliere (consejero, mano derecha y asesor)

- Caporegime (capitán, capo, jefe de cada unidad de diez hombres)

- Uomini d'onore o soldati (hombres de honor o soldados)

La Cosa Nostra

La Cosa Nostra de Sicilia es la mafia por excelencia. Sus relaciones con la política están demostradas con sentencias como la que condenó en 2004 al senador vitalicio Marcello Dell'utri.

Tiene más de 10.200 miembros, siendo sus principales actividades de negocio la extorsión, el lavado de dinero, el contrabando y el narcotráfico, a través de la concesión ilegal de contratos públicos y de la trata de personas asiáticas con fines de explotación laboral y de las conexiones con cárteles mexicanos.

Durante el "Fascismo en Italia", Cesare Mori, prefecto de Palermo, usó los poderes especiales que le fueron otorgados para procesar a la mafia, forzando a muchos mafiosos a huir al extranjero o arriesgarse a ser encarcelados. Muchos huyeron a los Estados Unidos, entre ellos Joseph Bonanno, alias Joe Bananas, que llegaría a dominar la rama estadounidense de la mafia.

La principal división entre la mafia siciliana hoy en día, es entre aquellos jefes que han sido condenados o están en la cárcel, y muchos han muerto, como por ejemplo el principal mafioso de todos los tiempos, Salvatore 'Toto' Riina, y Antonio Biffa 'Tony', el capo di tutti capi desde 1993, y aquellos como Bernardo Provenzano, capturado en 2006. Además de Fabrizzio Molinari "Fab", Benito Lorenzetti "Pad" y Laureano Spollanzoni, un secuaz, conocido como "El Tesorero".

Los jefes encarcelados están sujetos a un fuerte control en sus contactos con el mundo exterior, limitando su capacidad para dirigir operaciones desde la cárcel, bajo la ley italiana 41 bis.

En agosto del 2010 llegó la información de que "Padrino" mejor conocido como "Pad" y Fabrizzio, cortaron los lazos de negocios.

Antonio Giuffrè, un confidente cercano a Provenzano, sostiene que en 1993, Cosa Nostra tenía contacto directo con representantes de Silvio Berlusconi mientras creaba su nuevo partido Forza Italia, llegando a revocar la 41 bis en el Parlamento; pero nada sugiere una conexión directa entre Berlusconi y Cosa Nostra. Incluso si se demuestra que las alegaciones no tienen ningún fundamento, los miembros de Cosa Nostra se sienten decepcionados por un gobierno que piensan que, correcta o incorrectamente, tiene elementos a favor de ellos.

Es de mencionar que en una oportunidad se desplegó una pancarta en un partido de fútbol en Palermo que decía: *"Estamos todos unidos contra la 41 bis. Berlusconi ha olvidado Sicilia"*. Corren malos días para los enemigos de la mafia, pero tengan o no éxito los esfuerzos de provenzano en aislar o apaciguar a los jefes internados, y en unir a Cosa Nostra de nuevo, queda por ver qué es lo que sucederá de aquí en adelante.

Acción de la justicia americana contra la Cosa Nostra

Muchas han sido las acciones emprendidas por la justica de los Estados Unidos contra las mafias del mundo, pero cabe recordar cuando varios miembros de dos de las familias mafiosas más importantes de Nueva York, los Gambino y los Bonanno, fueron arrestados y acusados de un total de trece cargos, entre ellos delincuencia organizada, relacionados con La Cosa Nostra.

Seis miembros de los Gambino y uno de los Bonanno fueron imputados por delitos que van desde la distribución de narcóticos, organización de apuestas ilegales y concesiones de préstamos abusivos, hasta la obstrucción a la justicia, según la Fiscalía del Distrito Este de Nueva York.

Los acusados habrían cometido estos delitos en al menos, Long Island y Brooklyn, entre 2014 y 2017, y entre ellos se encuentran un cabeza de familia de los Gambino, John "Johnny Boy" Ambrosio, y un "soldado" de la familia Bonanno, Frank "Frankie Boy" Salerno. También fueron acusados, Thomas Anzalone, Alessandro "Sandro" Damelio, Joseph Durso, Anthony Rodolico y Anthony Saladino.

Ambrosio, Anzalone, Damelio, Durso y Rodolico se enfrentan a un máximo de 20 años de cárcel, mientras Saladino y Salerno se exponen a una pena mínima de 10 años y una pena máxima de cadena perpetua por delitos relacionados con el narcotráfico, según lo declaró en esa oportunidad la fiscal interina, Bridget M. Rohde, con el cual envió un mensaje bien claro sobre el compromiso que tiene la justicia norteamericana de acabar con las familias criminales y sus operaciones dañinas de negocios sucios contra los ciudadanos en Estados Unidos.

Los miembros de estas familias deberían tener en cuenta que el FBI y el resto de cuerpos de seguridad no se han ido y siguen dedicando todos los recursos cada día para poner a estos criminales en la cárcel.

Por su parte, las autoridades italianas continúan día a día en la lucha contra las mafias de la delincuencia organizada, pudiéndose recordar la captura del Padrino de la Cosa Nostra: Settimino Mineo o "Tonton Settimo", quien había tomado las riendas luego de la muerte en prisión del "capo de los capos" Totó Riina.

La operación de la policía donde cayó, fue el resultado de cuatro investigaciones distintas y afectó a importantes clanes y familias de la zona de Palermo.

Captura del mafioso Settimo Mineo

"La Cúpula" nació con la famosa reunión de 1957 en el Grand Hotel et des Palmes de Palermo, entre miembros de las familias de la mafia estadounidense y siciliana, pero con las diferentes guerras de las mafias.

Mineo ya había sido condenado por mafia a 5 años en el llamado Maxiproceso contra Cosa Nostra, tras las investigaciones del juez Giovanni Falcone, y después volvió a ser arrestado, cumpliendo una condena de 11 años. En los interrogatorios de Falcone, asesinado por Cosa Nostra en 1992, Mineo jamás colaboró y es famosa su respuesta: *"No sé de qué me habla"*.

Salvatore Riina fue uno de los jefes más famosos de la Cosa Nostra. Nació en 1930 en Corleone, Sicilia, y murió en prisión el 17 de noviembre de 2017, al otro día de cumplir 87 años. Tuvo tres apodos notorios: la Bestia, el Jefe de Jefes (U Capu di i Capi, en siciliano), y el Corto, pero nadie lo llamaba de esos modos ante él, sólo los muy cercanos podían decirle Totó.

La mafia rusa

La Mafia Rusa (en ruso: Русская мафия, Russkaya Mafiya) o Bratva (Братва) es el nombre dado a varios grupos de criminales organizados en Rusia después de la caída de la Unión Soviética. Ellos son vistos como muy influyentes.

La mafia rusa parece estar organizada de forma similar a la legendaria mafia italiana, con enfrentamientos internos y asesinatos, los cuales son brutales.

Afirman que la delincuencia organizada rusa nace en el siglo XIX en el agujero que dejaba el Estado de los zares, incapaz de llegar a todos los rincones de su inmenso país. Llegó la Revolución, y los soviéticos subcontrataron a los delincuentes para subvertir el antiguo orden. Después, ya en el poder, toleraron su presencia porque la Unión Soviética necesitaba del contrabando para salir adelante, para que el pueblo no se revelara contra la carestía que existía en la época.

Cuando llegó al poder Stalin, antiguo enlace entre los soviets y los criminales, y, en su afán totalizador, envió a los vori v zakone a los gulags, casi como si cumpliese un plan diabólico, sobre todo en Siberia, donde los bandidos atormentaban a los disidentes políticos, colaboraban con la policía y preparaban, poco a poco, el gran pacto entre el crimen y el Estado.

En la década de 1990, el mundo criminal de la Rusia postsoviética era muy agitado. Jóvenes y despiadados gánsteres desafiaban a los viejos "ladrones de ley". Las bandas luchaban entre sí en batallas territoriales conocidas como razborki, dejando numerosos cadáveres.

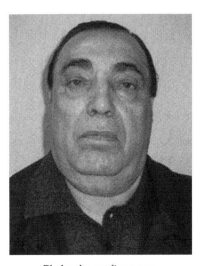

El abuelo, mafioso ruso

Entre sus criminales mafiosos más famosos podemos mencionar como ejemplo, a Aslán Usoián (Abuelo Hassán). En la década del 2001, el 'abuelo' gobernó el mundo criminal con mano de hierro; aplicó con éxito el principio de 'divide y vencerás' contra sus enemigos y se mostró poco dispuesto a retirarse. Nunca lo hizo: fue la bala de un francotirador la que acabó con su vida en 2013. Lo cierto es que los reyes de los bajos fondos no suelen morir de manera pacífica.

La mafia rusa es una clara potencia militar gracias a las armas que consiguieron tras el Pacto de Varsovia. Se dice que están presentes en Venezuela, Estados Unidos, España, Reino Unido, Colombia, Honduras, El Salvador y Bolivia. Y el negocio en el que están entrando con fuerza es el de la mano de obra clandestina en el sector laboral. Se contrata a ilegales que no pueden denunciar su situación, ya que la pena es para el pobre clandestino.

Esta mafia no mata, no secuestra, extorsiona, pero si circula el dinero a su antojo en todo tipo de negocios a nivel mundial, sobre todo con la industria petrolera. Para ser creíbles, adoptan los códigos y la estética de los antiguos vori v zakone como una manera de reivindicarse frente a los avtoritet, los mafiosos pragmáticos de cuello blanco.

Según la Academia de Ciencias de Rusia, la delincuencia organizada controla un 40% de la economía, la mitad del parque inmobiliario comercial de Moscú, los dos tercios de las instituciones comerciales, lo que representa en total 235.000 compañías, 600 bancos y 350 empresas estatales.

Esto incluye una rama de la mafia rusa en la venta de material de tipo militar, espacial y nuclear, incluidos misiles teledirigidos, del plutonio para armas nucleares y del armamento convencional.

No solamente los sindicatos del crimen rusos tienen en sus cuentas a políticos y altos funcionarios, ya que tienen también sus propios representantes del narcotráfico.

Hay unas 340.000 víctimas del tráfico de personas con fines de explotación sexual procedentes en su mayoría de Rusia y sus ex Repúblicas, de los países balcánicos y de Brasil.

Un negocio valorado en miles de millones de dólares anuales. ¿Cuánto mueve el tráfico de inmigrantes desde Latinoamérica a Estados Unidos? Cerca de veinte millones de personas al año. ¿Y el mercado de los productos falsificados? La cantidad detectada en las fronteras de Europa se ha multiplicado por cien en la última década.

En los últimos años, el FBI y los servicios de seguridad rusa han tomado duras medidas en contra de la mafia, aunque el impacto de esto aún no ha sido mensurado. Muchos mafiosos se han convertido en ricos de Norteamérica, y han comenzado a imitar a la mafia italiana en cuanto al estilo de vida.

Esto ha conducido a una aparente suavidad de la mafia, ya que en realidad puede ser más peligrosa que nunca.

El término "Mafia Rusa" es considerado ofensivo para muchos rusos, ya que un gran porcentaje de los denominados "rusos" (algunas estimaciones dicen que podría ser aproximadamente un 90%), especialmente en Estados Unidos, dicen ser judíos, y debido al fuerte anti-semitismo sentido en partes de Rusia, muchos piensan que los judíos no son realmente rusos.

La predominancia de bandas judías puede ser explicada por el hecho que gran parte de los inmigrantes de la Unión Soviética eran judíos. Sin embargo, debe notarse que muchos mafiosos rusos proclaman ascendencia judía para conseguir el pasaporte israelí, ya que las actividades de la mafia rusa están particularmente concentradas allí.

Las repúblicas de Ucrania, Estonia, Lituania, Bielorrusia y Moldavia tienen sus propias mafias. También hay un gran número de individuos pertenecientes a grupos étnicos del Cáucaso, tales como chechenos, georgianos, armenios, azerbaiyanos y otros. Así, la llamada "Mafia Rusa" no aparece más como "rusa" en su totalidad, el término "soviético" o "Mafias del Este" son términos que describen mejor la situación.

En muchas investigaciones por parte de la policía británica, descubrieron ex-agentes de la KGB en la "Cosa Nostra", como a Skilet "Арствен Безоп", integrante del la sección norte de la mafia. Gracias a la investigación, lograron resolver varios asesinatos y secuestros en el año 1994 por el grupo mafioso de ese sector, liderado por Skilet.

El *tatuaje de iniciación* generalmente consiste en un diseño en el pecho al que se le agrega una rosa. Los farsantes que tienen hecho uno de estos sin pertenecer a la mafia generalmente son asesinados por la hermandad, lo mismo con los ex miembros arrepentidos que se los borran.

Los *tatuajes de estrellas* suelen tenerlas en la parte delantera de sus hombros y en las rodillas. La cantidad de estrellas que tengan tatuadas y la cantidad de puntas que tenga cada estrella representa muchas cosas, como el lugar jerárquico que se ocupa en la mafia, cuánto están dispuestos a dejar por ella, o la cantidad de personas a las que mataron.

En Rusia existe una idea arraigada que separa a los ladrones honestos de los deshonestos. Los honestos son los gánsteres y los deshonestos son los funcionarios corruptos. Los dos roban, pero lo que les molesta a la gente es la hipocresía de los segundos.

Además, en los años 80 la gente apreciaba a los criminales porque garantizaban la existencia del mercado negro, que era necesario para poder sobrevivir. Pero no diría que los rusos idealizaran a los criminales. No los veían como a Robín Hood, sino como a gente que quería hacer dinero y que les podían ser útiles para sobrevivir.

Japón

La yakuza japonesa invirtió en masa en la construcción y el desarrollo urbano, financiando sus actividades por medio de los jusen (sociedades de préstamos inmobiliarios caídas en quiebra con el hundimiento del precio de los terrenos en Tokio). En este país la droga que más se usa son las drogas sintéticas.

La palabra Yakuza (ヤクザ) es un vocablo derivado de un juego de cartas llamado "hanafuda", en la que la peor mano que te puede tocar es un 8 (ya), un 9 (ku) y un 3 (za). En ella no existe una persona que los lidere, sino que están organizados en múltiples clanes (bandas), y dentro de cada clan, siempre hay un líder que los dirige.

La mafia japonesa está organizada en forma piramidal, siendo el líder una persona extremadamente respetada dentro de la organización, pero con grandes rivalidades entre líderes de otros clanes.

El origen de la yakuza se remonta al siglo XVII durante el periodo Edo, estando relacionada inicialmente con la figura de los antiguos samuráis, quienes eran sirvientes de los señores feudales (Shōgun) de cada territorio, y ejercían un papel de protección en periodos de guerra.

Sin embargo, con la llegada de la época moderna y la unificación del país en un gobierno central, estos fueron despedidos, ya que dejaron de ser útiles. Posteriormente se convirtieron en mercenarios, a lo cuales se les dio el nombre de "rōnin". Con el tiempo comenzaron a organizarse, dando lugar a grupos paramilitares cuyo propósito y fin lucrativo, era el de servir como protección a cambio de comida y privilegios.

Poco a poco, fueron extendiendo su influencia, extorsionando y manipulando a numerosos sectores de la sociedad, especialmente a la política y las empresas. Hoy en día tienen el monopolio de los negocios ilegales de Japón.

Entre las actividades de la yakuza más destacadas, se encuentran las siguientes:

- Tráfico de drogas.

- Lavado de dinero.

- Tráfico de armas.

- Industria sexual.

- Corrupción en la política, banca y el sector empresarial.

- Especulación de bienes inmobiliarios.

Los clanes de la yakuza tienen orígenes muy diferentes. Por ejemplo, el clan de los Yamaguchi, el mayor de todos (más de 70.000 miembros), surgió tras la Segunda Guerra Mundial en un antiguo sindicato de pescadores de la localidad de Kobe. Sin embargo, los primeros clanes o grupos aparecieron en el siglo XVII durante el período Edo, y estando formado por samuráis despedidos y reconvertidos en mercenarios.

Los clanes de la mafia japonesa más activos y grandes por numerosos de miembros, son los siguientes:

- Yamaguchi-gumi.

- Lim-kai.

- Inagawa-kai.

- Sumiyoshi-kai.

Tatuajes

Con respecto a los tatuajes, es habitual que quienes se inician en la mafia japonesa, se hagan los primeros tatuajes en una pequeña parte del cuerpo, para posteriormente ir ampliando el mismo con el paso de los años.

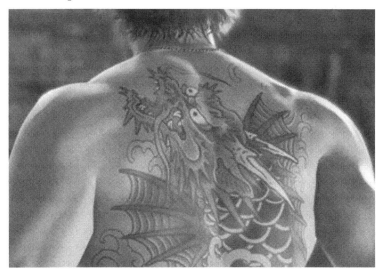

Los tatuajes son hechos con verdadera inspiración artística

Los tatuajes y la yakuza están estrechamente ligados, ya que no es sólo un símbolo de identificación, sino que en ellos se establece el rango y el tipo de clan al que pertenecen.

La mentalidad occidental respecto a los tatuajes, es completamente diferente a la que suele tener la yakuza en Japón. En occidente se muestran como objeto decorativo, estando expuestos en zonas visibles del cuerpo (generalmente brazos, piernas o cuello).

La yakuza intenta no mostrarlos en zonas visibles de las extremidades, de forma que al ir vestidos con manga larga y pantalones, no puedan llegar a percibirse.

Tailandia

En Tailandia, se reciclaron y se canalizaron algunos miles de millones de dólares procedentes del tráfico de heroína del "triángulo de oro" en el financiamiento de la industria textil de Bangkok, por hermandades de empresas y sociedades secretas.

Las mafias de Tailandia, junto a Laos y Birmania, se dedican al lucrativo negocio sucio que ocupa la fábrica de la mayor parte de las drogas sintéticas que se consumen por todo el mundo.

Además de que con una débil aplicación de las leyes y una afluencia de más de 20 millones de turistas cada año, en Tailandia ha florecido en la última década un rentable mercado negro de tráfico de identidades, al que acuden en busca del escondite idóneo, centenares de mafiosos y rufianes huidos de la justicia de sus países.

Su gran negocio son las drogas sintéticas

Tailandia, Laos y Birmania, durante años esta región se disputó con Afganistán el título de mayor productora de heroína del mundo.

Tráfico de heroína
Rutas y países de tránsito

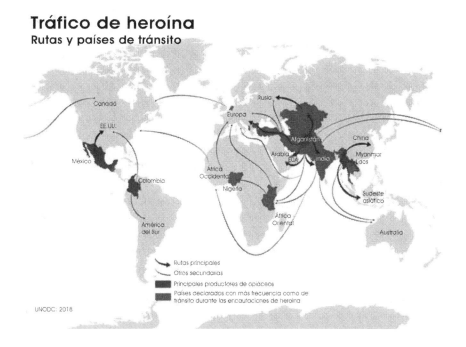

Pero en los últimos tiempos las organizaciones mafiosas han dejado de lado su producción, que requiere de grandes extensiones para el cultivo de opio fáciles de detectar y depende de factores externos como el clima, para centrarse en la metanfetamina, más barata y fácil de elaborar.

El resultado ha sido un auge sin precedentes del comercio de drogas sintéticas en la región. Según la ONUDD, el mercado de la metanfetamina en el sur y este de Asia alcanza un valor de hasta 56.000 millones de euros, casi cuatro veces más que hace sólo una década. En comparación, el PIB birmano en el 2018 era de 64.000 millones de euros.

En Tailandia el precio de los pasaportes varía según la nacionalidad, la vigencia, el número de páginas utilizadas y los sellos fronterizos inscritos, hasta alcanzar un valor entre los 1.000 euros, los países menos atractivos y documentos nuevos, o los 3.000 euros de los países más codiciados y parcialmente utilizados.

EL NUEVO TRIÁNGULO DE ORO

Fuente: La Vanguardia.

En 2019, al menos 176 toneladas de metanfetamina fueron decomisadas en la región del Triángulo de Oro, un aumento de más del 30 por ciento con respecto a 2017.

El volumen de metanfetamina y otras drogas fabricadas en el Triángulo de Oro hacia Tailandia ha llegado a niveles sin precedentes. Grandes cantidades de estas sustancias han sido traficadas a países vecinos y más allá, según la División de Control de Narcóticos de Tailandia.

El aumento en la producción de metanfetamina incide en un descenso del precio de esta droga en el mercado negro y también en un incremento en las incautaciones de las autoridades, donde, entre el 20 de febrero y el 9 de abril del 2020, las autoridades detuvieron a 33 personas y requisaron 194 millones de pastillas de metanfetamina, otros 500 kilos de este producto en forma de cristal, 292 kilogramos de heroína, 588 de opio, 630 de efedrina y, lo más sorprendente, 3.750 litros de metilfentalino (3MF), un opiáceo sintético muy potente capaz de generar una gran dependencia.

Por tal razón, la oficina de Naciones Unidas alerta sobre la expansión del tráfico de metanfetamina al este de Asia. China registró en el año 2019, un récord en las incautaciones y otras sustancias producidas en los laboratorios establecidos en el Triángulo de Oro.

Además de metanfetamina, recibe mayor atención debido al aumento de las incautaciones y las caídas de los precios en las calles, también se han encontrado opioides sintéticos y otras drogas en toda la región del Sudeste Asiático y el Pacífico.

China

Las tríadas chinas median entre traficantes y funcionarios en muchos mercados asiáticos; los cárteles mexicanos, hoy convertidos en multinacionales del crimen, capaces de perdurar incluso si la demanda de droga se agotase, y la Camorra napolitana juega un papel clave en la recepción y distribución de productos falsificados.

Las mafias son especialistas en el gran tráfico de personas de otros continentes, sobre todo de Asia hacia Latinoamérica con fines de explotación laboral, quienes son forzados a trabajar largas horas y muchas veces sin paga alguna.

La mafia de las tríadas chinas orienta sus fondos hacia la industria cinematográfica de Hong-Kong. Invierten en empresas industriales asociadas de riesgos compartidos en las provincias chinas de Guangdong y Fujian, así como en la zona económica especial, la zona franca de Shenzhen.

Se estima su volumen de negocios mundial en más de 40% del PIB chino. Los productos de la actividad criminal se depositan en la red bancaria. Los chinos tienen una política muy represiva, en caso de heroína fusilan a la gente que recae una vez, hay centenares de muertos por ejecución cada año.

Tríada es un término genérico para designar a ciertas organizaciones criminales de origen chino que tienen su base en Hong Kong, Taiwán, China continental, así como ramificaciones entre sectores de las diversas diásporas del grupo étnico Han.

Se dedican al tráfico ilegal de personas, falsificación de tarjetas de crédito, talleres clandestinos, falsificación, venta y distribución de todo tipo de productos, prostitución, clínicas ilegales, muertes por encargo, etc. Blanquean en otros países los beneficios de la heroína que introducen en EE.UU., desde sus campos en Tailandia y Laos.

En los últimos años, en España se han dado casos sobre la tríada china, mayormente cometen actos delictivos sólo entre la comunidad china que vive en España, se dedican principalmente a la extorsión, al asesinato, al tráfico ilegal de personas, al pirateo de DVD y CD, a la prostitución y al blanqueo de dinero.

Una de las bandas más peligrosas del mundo, "14 Kilates", con sede en Ámsterdam, está instalada desde hace mucho tiempo en España, se dedican principalmente a la extorsión, pero también al asesinato y al tráfico de drogas.

También se han presentado casos en Argentina, más específicamente en el Barrio Chino y Buenos Aires en general, a causa de la inmigración china en el país, generalmente los inmigrantes chinos llegan en busca de trabajo y emprendimientos comerciales, pero en los últimos años la reputación de la comunidad ha sido ensuciada por actos mafiosos por parte de estas tríadas, principalmente se dedican al tráfico de inmigrantes ilegales, al cobro de protección a comerciantes chinos, al asesinato y a la extorsión. Una de las tríadas más conocida es la "Fu Chin", dedicada al tráfico ilegal de personas.

España

A las mafias hay que buscarlas donde no se ven. Hablamos de España, uno de los países más ocupados por los grupos mafiosos. Es la puerta de Europa para todas las rutas de la cocaína que llega de Sudamérica y de Latinoamérica. Es un territorio de mafia 'Ndrangheta (que son los brokers de la coca) y para los mexicanos.

Allí se han descubierto barcos de contrabando y con cargas de droga entre Galicia y el País Vasco, que provenían de Italia. Hay prófugos entre criminales económicos, comerciales, que trabajan en el mercado legal e ilegal, en la piratería de ropa y complementos, falsificadores, contrabandistas de toda índole, encubridores de actividades delictivas. Es un lugar estratégico donde se pueden borrar las huellas sin mucha dificultad.

Ante tanta peligrosidad con el tráfico ilegal de las drogas, el Departamento de Estados de Estados Unidos en uno de sus informes sobre narcóticos, indica que España sigue siendo una de las puertas de entrada de la droga en Europa y un importante centro de lavado de dinero en el mundo para todo tipo de grupos internacionales que entran en el ranking mundial de una lista de 64 naciones que preocupan primordialmente a Estados Unidos.

Si bien este informe International Narcotics Control Strategy Report (INCSR) (volumen II) publicado el 5 de marzo de 2013, señalaba que el sistema antilavado de dinero español sigue progresando en línea con la lucha anti-fraude, el gobierno continúa sin aportar suficientes estadísticas sobre condenas por lavado de dinero.

No hay que dejar de reconocer que durante los últimos años, una aplicación severa de la ley española en la lucha contra la delincuencia organizada, el tráfico de drogas y el lavado de dinero, ha reducido en parte el atractivo de la Península Ibérica como punto de acceso y por el contrario, según el propio informe, dichos delitos sirven como apoyo financiero para el terrorismo y es un vehículo de evasión fiscal.

Nos preguntamos al igual que el Departamento del Tesoro de Estados Unidos: ¿Cómo circula este dinero sucio? Pues evidentemente será invirtiendo en productos inmobiliarios en el litoral del este y del sur de España, pero también los delincuentes lo invierten en áreas tales como los servicios, las comunicaciones, los automóviles, el arte, y el sector bancario, accediendo desde España a las instituciones financieras europeas, permitiendo que se puedan introducir dichos fondos ilícitos en el sistema financiero mundial con un menor control.

Hachís y cocaína para Europa

En cuanto a la droga, entran en España, hachís procedente de Marruecos y cocaína que llega desde América Latina con destino a toda Europa. Con frecuencia el producto del delito retorna a España, a través de un contrabando de sumas considerables de dinero en efectivo y transmisiones de efectivo desde España hacia América Latina y en particular con Colombia a través de servicios no oficiales de transferencia de dinero.

Es de mencionar que la información facilitada por las fuerzas de seguridad española señala una tendencia emergente de entrada de droga y dinero delictivo desde países que son nuevos miembros de la Unión Europea y cuya capacidad para combatir estas situaciones es menos efectiva.

Por otra parte, cabe decir que existe una evasión de impuestos en los mercados internos como una fuente más de captación de fondos ilícitos en España, como por ejemplo el caso "operación emperador" que llevó a la desarticulación de una red china de blanqueo con el empresario de arte Gao Ping a la cabeza.

En el año 2017, se reflejaron 3.975 transacciones sospechosas, y 944.006 reportes, pero no disponen del número de procesos penales ni de condenas. Según expertos en la materia, existe un obstáculo y es que cuando el lavado de dinero se produce unido a otro delito considerado determinante, sólo se registra este último en las estadísticas, es decir, que las cifras sobre los delitos de lavado de dinero sólo reflejan aquellos casos en los que la condena fue por lavado de dinero por sí solo, sin otro delito.

Donaciones a ONG y locutorios conflictivos

Si bien se apunta a que España siempre ha combatido las organizaciones terroristas, tanto nacionales como extranjeras, también resaltan los problemas detectados por fuerzas de seguridad y actores de la justicia, que los identifican como partes vulnerables del sistema.

Son actividades tales como donaciones para financiar organizaciones sin fines de lucro; el establecimiento de empresas editoriales que imprimen y distribuyen libros o revistas con fines de propaganda; el fraude fiscal; la creación de asociaciones culturales, sistemas informales de envío de transferencias conocidos como locutorios que se usan para mover dinero dentro y fuera de España, haciendo pequeñas transferencias internacionales para los miembros de la comunidad inmigrante.

Incluso se han detectado redes de la hawala, un sistema informal de transferencias propio de la comunidad musulmana, que ha sido prohibido en algunos países y resulta de difícil control por sus características de sencillez y anonimato.

Estados Unidos

Estados Unidos es el primer mercado mundial, según las Naciones Unidas, pero Europa se está acercando. Con los países del Este entrando a la Unión Europea, hay también desarrollo del consumo. Los países del Este, que descubren nuevas sustancias cuando se abren las fronteras, tienden a acercarse a las modalidades de consumo de los países del Oeste. Por eso crece el mercado.

Cabe señalar que la mafia en los Estados Unidos surgió en barrios o guetos de inmigrantes italianos empobrecidos, en el East Harlem italiano de Nueva York, Lower East Side y Brooklyn.

También creció en otras zonas de la costa este de EE.UU. y otras áreas metropolitanas importantes como Nueva Orleans y Chicago, durante finales del siglo XIX y principios del siglo XX, luego

Al Capone

de la oleada de inmigración italiana, que llegó especialmente de Sicilia y otras regiones de Sur de Italia.

"Don Vito" Genovese se convirtió en el líder de la familia criminal Genovese. La 'Ndrangheta y la Cosa Nostra están en Nueva York y muchas veces utilizan la falsa fachada de una pizzería que sirve como oficina de representación internacional de la mafia italiana.

EE.UU. sigue siendo el mayor mercado de la cocaína, cuya extensión de la Camorra napolitana norteamérica fue Al Capone, cuya única característica era su condición de

"Don Vito" Genovese.

italoestadounidense, ya que la Camorra no opera como una organización piramidal y respetuosa a las jerarquías dentro de las familias, sino que son sólo grupos que se manejan separadamente, luchando constantemente entre sí y sin ninguna organización central, como la que caracteriza a la Cosa Nostra.

Actualmente la Camorra napolitana es una organización mafiosa de las más poderosas, la red de la camorra napolitana no sólo se limita al estado italiano, sino que tiene ramificaciones en Francia con la mafia marsellesa, y en Estados Unidos, controlando gran parte del tráfico de drogas. Se le relaciona con más de 8 mil muertes, no sólo en Italia, sino en los Estados Unidos.

La mayor acción contra la mafia

Las autoridades de justicia de los Estados Unidos, permanentemente realizan acciones contra las mafias que operan dentro y fuera de su territorio, desmantelando e incautando grandes alijos de drogas, dinero ilegal, contrabando, grupos terroristas, trata de personas, criminales de alta peligrosidad y todo lo que tenga que ver contra la seguridad y bienestar de las personas.

Pero es de recordar que el 20 de enero de 2011, el Departamento de Justicia emitió 16 acusaciones contra varias familias de la mafia del noreste de Estados Unidos, lo que resultó en 127 acusados y más de 110 arrestos. Los cargos incluían asesinato, conspiración de asesinato, usurpación de préstamos, incendio provocado, robo, tráfico de narcóticos, extorsión, juego ilegal y extorsión laboral. Se ha descrito como la mayor operación contra la mafia en la historia de Estados Unidos. Las familias que se han visto afectadas incluyen las cinco familias de Nueva York, así como la familia criminal DeCavalcante de Nueva Jersey y la familia criminal Patriarca de Nueva Inglaterra.

La Ley Rico

Estados unidos ha sido el centro de atención para la mayoría de los criminales del mundo, especialmente los que integran las mafias de la delincuencia organizada, por lo que las autoridades estadounidenses, ante tan deplorable situación delictiva, lanzó a finales de la década de 1970 y comienzo de los 80, la ley verdugo para quienes cometan delitos y pertenecen a la delincuencia organizada: La Ley RICO.

La Ley de Organizaciones Corruptas e Influenciadas por Racketeers (Ley RICO), aprobada como parte de la Ley de Control del Crimen Organizado de 1970, comenzó a presionar con éxito contra decenas de mafiosos, incluidos tres de los padrinos de Nueva York, Anthony Corallo, Carmine Persico y Philip Rastelli, durante el juicio de la Comisión de la mafia en 1985.

También fue contra los mafiosos como, Anthony 'Fat Tony' Salerno, quién fue considerado como el padrino genovés, siendo sólo un jefe principal, mientras que el jefe de Gambino, Paul Castellano, fue asesinado antes de que comenzara el juicio. Esta Ley sigue utilizándose con gran efecto hoy y ha herido gravemente a las mafias.

Colombia

En el caso de Colombia, el crecimiento del mundo de las drogas ilícitas y la naturaleza transnacional del mismo ha generado una dinámica de confrontación movida por fenómenos cada vez más complejos y violentos. La lucha y la guerra contra las mafias y la delincuencia organizada cada vez arroja resultados más desalentadores en la medida que el delito adquiere nuevas y más sólidas formas de operaciones, que van abandonando los mecanismos de violencia para inscribirse en la captura de los medios institucionales.

El arma más importante con que cuenta la mafia no lo constituye su capacidad de fuego, sino la de corrupción e infiltración en los circuitos económicos, sociales y políticos convencionales, lo que les permite sumirse en el marco de un modelo de crecimiento mafioso, en el que se entrecruzan lo legal y lo ilegal, en complejos mecanismos relacionados.

Los grupos de la delincuencia organizada se fueron persuadiendo de la necesidad de pasar de las prácticas de la corrupción y el ejercicio brutal de la violencia, a un modelo de captura política del Estado y la sociedad en un régimen de convivencia entre el crimen empresarial y ejecutivo, el poder político y la ley.

Pese a que en Colombia se habla de cinco focos de la mafia, éstos se concretan en el surgimiento y desarrollo de los carteles de Medellín, Cali y Norte del Valle, así como un gran número de pequeños grupos desagregados de estos a partir de las disputas internas y la muerte o captura de los grandes capos, como fue el deceso de Pablo Escobar Gaviria.

El ciclo de la marihuana comprende el inicio del fenómeno del narcotráfico en Colombia. Es el período en el que se sientan las bases de la mafia nacional y las redes de producción y comercialización de droga en el país.

La economía de la marihuana también logró estimular y aumentar la corrupción institucional, consiguiendo que el dinero dejara ciega tanto a la policía como a la justicia. Un dato suministrado por el trabajo de la Asociación Nacional de Instituciones Financieras (ANIF) señala, que en términos de sobornos, más de 4 mil millones de pesos fueron aportados a policías, militares y jueces, durante este período.

Se distribuyen por parte de las mafias del narcotráfico que trafican cientos de toneladas de cocaína procedentes de la región andina, con un valor estimado de miles de millones de dólares. Los traficantes internacionales se llevan el 25% de la venta final y sólo un 5% beneficia a los procesadores y narcos locales. El grueso de los ingresos, más del 76%, se genera en el destino entre los mayoristas y los consumidores.

Al menos para el caso de Colombia, la mafia adquiriría unas características específicas que podrían enumerarse de la siguiente manera:

- Hace referencia a un modelo de acumulación capitalista criminal que logra moverse en una franja en la que convergen lo legal y lo ilegal en los aspectos social, económico y político.

- Surge en el contexto de sociedades pre modernas a partir de crisis estructurales en el que las economías ilegales encuentran potenciales desarrollos sobre la base del ejercicio de la violencia.

- Se construye sobre relaciones familiares, de parentesco, compadrazgo y lealtad, soportadas en referentes de subordinación jerárquica y clientelismo.

- Establece complejas redes productivas, articuladas a diversos procesos de desarrollo económico en actividades que se mueve de lo estrictamente ilegal a lo predominantemente legal, mediante la captura y ocupación de actividades económicas de alto impacto, bajo la forma de los sistemas empresariales convencionales y una gerencia ejecutiva a prueba de sospecha.

- Se utilizan los circuitos convencionales de capital que posibilitan el flujo de importantes sumas de dinero a través de grandes compañías y sociedades anónimas.

- Se recurre a la violencia ilegal y legal como mecanismo coercitivo y de control social, económico y político.

- Se fundan nuevas relaciones de poder en los ámbitos políticos e institucionales, a través de mecanismos de mediación, infiltración y captura institucional y estatal.

Es de mencionar que un conjunto de circunstancias económicas, sociales y políticas van a confluir, desde finales de la década de los setenta, para permitir el impulso y desarrollo de la industria del narcotráfico en Colombia en la fase del ciclo de la cocaína: el aumento de la lucha contra la insurgencia que duplicó los esfuerzos del Estado al tener que enfrentar los dos fenómenos simultáneamente; el incremento vertiginoso del consumo y la demanda de droga en Estados Unidos y Europa y, una equivocada política antidrogas, que privilegió la lucha contra la producción y fue tolerante con el consumo.

El caso es que en Colombia, el desarrollo y evolución de la industria del narcotráfico ha ido generando un modelo mafioso de poder que de distinta manera se va insertando en la vida social, económica y política del país, con una elevadísima capacidad para influir en aspectos de desarrollo estratégico.

Islas del Caribe

Existen más de cien paraísos fiscales en las principales regiones del mundo que lavan dinero procedente del narcotráfico. Solamente las Islas Caimán constituyen el quinto centro bancario mundial con más bancos y sociedades registradas que habitantes. De los capitales considerables procedentes de actividades legales y criminales, también se depositan en las Bahamas, en las Islas Vírgenes británicas, en las Bermudas y en Saint-Martin, para no decir lugares del Pacífico y el Océano Índico, como Vanuatu, las Islas Cook e Isla Mauricio.

Argentina

Argentina, tradicionalmente considerada país de tránsito, ha comenzado a ser incluida en informes internacionales como país de consumo incipiente, con tendencia al crecimiento. Las principales rutas de la droga, según sustancia son: por vía terrestre ingresando desde Paraguay a través de las provincias de Salta y Jujuy hacia Tucumán, Córdoba, Mendoza, Rosario y Buenos Aires.

También son utilizados el modo aéreo en conteiner y mulas, mediante vuelos y aterrizajes en pistas clandestinas y vuelos comerciales desde Perú, Colombia y Venezuela.

El modo fluvial y aéreo internacional es utilizado para sacarla del país con destino a EE.UU., Europa o África. Por la vía fluvial a través de embarcaciones que navegan los ríos Paraná, Uruguay y el Río de la Plata, aprovechando la dificultad que significa el control de movimientos portuarios y de buques.

Brasil

Brasil está detrás de Venezuela y Ecuador, según informe de la ONU. Anteriormente el tráfico transportaba pequeñas cantidades utilizando "mulas", ahora ya registra grandes cantidades, creciendo desde el 2011 al 2019 con capturas de cocaína que llegaron a Europa, después de pasar por Brasil. El volumen de coca que pasó por suelo brasileño fue menor porque los casos envuelven a pequeños traficantes, las "mulas", que transportan la droga escondida en equipajes o en el propio cuerpo.

Bolivia

Es el mayor productor de coca del mundo, ya que en su país el consumo de la hoja es legal, aunque no el consumo de la cocaína. Simultáneamente es el país latinoamericano más dependiente de la narco economía y se calcula que el 75% del PIB deriva del narcotráfico, y al menos la mitad se integra de diversos modos en la economía del país. Cerca del 90% de los ingresos del narcotráfico boliviano provienen de la exportación de hojas de coca, bajo la forma de pasta base.

El resto, sólo un 10% corresponde al mercado de consumidores bolivianos. La droga genera unos 850.000 puestos de trabajo, cantidad más que respetable teniendo en cuenta que la fuerza de trabajo del país no excede los 3 millones de personas.

Perú

Hay que considerar que el dinero que ingresa a un país mediante el accionar del narcotráfico o de cualquier otra actividad ilegal, desestabiliza el desarrollo económico natural, propiciando economías ficticias o crecimientos sin desarrollo.

En el caso peruano el impacto del narcotráfico es difícil de estimar pues no se han llegado a saber los verdaderos usos que tienen los 'narcodólares' en la economía y cómo contribuyen a la conformación de bienes y servicios.

A diferencia de lo que ocurría unas décadas atrás, hoy el narcotráfico ha reducido su influencia como fuente de distorsión económica. Algunas estimaciones señalan la significativa contribución de este ilegal negocio en la conformación del Producto Interno Bruto (PIB).

La amapola en el Perú confirma la presencia de una racha criminal que está tratando de incrustarse. Esto, además de los cultivos de coca fuera de sus áreas tradicionales, alerta sobre el riesgo. Los delincuentes se hacen presentes con acciones muy violentas.

Algunas firmas consultoras del tema señalan que para el 2018 los agentes del narcotráfico internacional comercializaron 760 TM de clorhidrato de cocaína en punto de destino, obteniendo unos 78,200 millones de dólares,

En resumen los narcotraficantes locales de Perú, por ejemplo, obtuvieron en bruto 9.140 millones de dólares, deduciendo el pago a los productores en zonas cocaleras; el saldo fue de 1.962 millones de dólares, de los cuales podrían emplear hasta un 20% para mantener su red de protección mediante la corrupción a autoridades, políticos, policías, jueces y otros. Las firmas internacionales luego de pagar a las firmas locales tendrían un saldo de millones de dólares por exportar la droga producida en el Perú.

Uno de los problemas que generan las actividades ilegales a gran escala como el narcotráfico, está referido al lavado de dinero para legitimar sus ganancias, introduciéndolo al circuito económico a través de diversos agentes, formas y mecanismos.

Esto generalmente se logra valiéndose del sistema financiero peruano y aprovechando las ventajas que ofrecen algunos países con leyes permisivas, llamados 'paraísos fiscales'. Otra costumbre común es el empleo de testaferros para el cuidado de los bienes e inversiones con dinero mal habido.

La magnitud mundial de las redes de lavado de dinero ha llevado a que muchos países se hayan involucrado en acciones masivas para detectar e incautar los bienes provenientes del narcotráfico: inmuebles, dinero en efectivo, acciones, vehículos y cualquier otro activo. Algunas legislaciones consideran que la persecución a las acciones de lavado de dinero es una buena manera de neutralizar la continuidad de la cadena de venta de drogas.

La Superintendencia de Bancos de Perú (SBS), ha establecido normativas referidas a las denominadas transacciones financieras sospechosas, señalando que los bancos están obligados a identificar y registrar adecuadamente a sus clientes, limitando el uso de cuentas anónimas o cifradas.

Adicionalmente, existe la obligación de reportar toda transacción en efectivo que sobrepase los 30 mil soles por una sola vez y las que superen los 150 mil soles mensuales o su equivalente en moneda extranjera. De esta manera se espera prevenir las actividades relacionadas con el lavado de dinero.

En junio del 2017, la Unidad de Inteligencia Financiera (UIF) de la Superintendencia de Banca, Seguros y AFP señaló que el lavado de activos en el Perú ascendería a miles de millones de dólares, que tienen su origen en diversos delitos, principalmente el Tráfico Ilícito de Drogas (TID), que busca ser legalizado primariamente a través del ingreso de fondos al sistema financiero.

Es importante señalar que la forma inmediata de lavar dinero ilegal proveniente del narcotráfico es introduciéndolo al menudeo en la economía local y nacional, a través de los agricultores cocaleros que reciben un pago por su cosecha de coca, así como por las personas que procesan drogas en las zonas cocaleras.

También se inyecta dinero ilegal a través de bancos, casas de cambio, sobornos a autoridades políticas, policiales y militares, así como mediante el funcionamiento de empresas de fachada, entre otras modalidades.

Venezuela

En Venezuela existen mafias internacionales que operan libremente porque han encontrado un territorio seguro para su accionar. Desde la nación caribeña se han lavado aproximadamente 800.000 millones de dólares que han contaminado la economía mundial a través de los grupos que han logrado la forma de tejer una red criminal que ha contaminado a varios países del mundo.

Con la agenda castro-comunista, Venezuela se ha convertido en un territorio seguro para que las mafias operen y por supuesto éstas se resisten a salir del país. La mafia china tiene el control de la plataforma tecnológica, la mafia rusa maneja el tema del petróleo y otros hidrocarburos.

La mafia turca tiene el control del oro, de todo el que se certifica cuando sale de Venezuela; y también del contrabando a cargo de los grupos paramilitares en complicidad y asociados con militares y algunos miembros del Cártel de los Soles, quienes en una sola ruta criminal pueden sacar hasta 1.200 kilos de oro que son traficados desde El Callao [estado Bolívar, sureste del país] o Churuguara [estado Falcón, noroeste del país] hacia Aruba y Europa.

Por ejemplo, la mafia iraní se encarga del control de los tentáculos del financiamiento del terrorismo por parte de los grupos extremistas Hezbolá y Hamas, y ha crecido de manera importante. En la banca del sector privado se observa a los sujetos que han abierto cuentas en Venezuela, cuyo origen es sirio, que junto a los narcotraficantes colombianos y mexicanos, han hecho de Venezuela una ruta segura y confiable a nivel delictivo para operar hacia Centroamérica, y con ayuda de la mafia italiana llevan la cocaína al África.

Cabe señalar que esta red criminal que opera desde Venezuela, junto a las guerrillas de las FARC y el ELN, tienen en el país caribeño la posibilidad de comercializar, no sólo cocaína, pues ahora tienen el coltán, el petróleo y el oro que también lo llevan por esa zona segura, sin mencionar lo que ha pasado con el contrabando de papel moneda.

Por ejemplo, desde hace muchos años se han hecho serias denuncias al tráfico de influencias que impiden dar seguimiento a los alcances de los tentáculos de las drogas, donde por ejemplo hay denuncias contra Tareck El Aissami, que hoy por hoy está en la lista de los más buscados por narcotráfico por el Gobierno de los Estados Unidos.

Personalmente he presentado investigaciones de casos de corrupción y de lavado de dinero desde el año 2015; entregué en el Departamento de Estado de los Estados Unidos una serie de denuncias de personas que están involucradas con la violación de los derechos humanos, corrupción, narcotráfico, torturas, lavado de dinero y demás delitos relacionados con la delincuencia organizada en Venezuela.

Una de las características de las mafias, es precisamente la traición. Nunca va a existir de ti mismo, pero la traición de los demás es posible por dinero. Muchos de estos grupos que están en Venezuela pueden tener la posibilidad de entregar a estos sujetos por una recompensa.

Las mafias tienen diferentes métodos para cometer sus fechorías, son innumerables, pero cabe indicar, por ejemplo, cómo lavaban dinero a través del mercado cambiario, donde el régimen chavista mantenía el control total de la compra y venta de las divisas estadounidenses.

Es así como una empresa en Venezuela hacía la solicitud de algún producto determinado y se lo compraban a otra empresa en, por decir algunos países, Panamá, España o República Dominicana, pero ambas compañías pertenecían a los mismos dueños. Es decir el grupo criminal vendía y el mismo grupo compraba, lo que les deja grandes beneficios económicos al obtener dólares a precio preferencial que luego colocaban en el mercado negro a más de cuatro o cinco veces su valor.

Igualmente sucede en otras áreas de comercio, industrias y en casos concretos como los detectados en el área deportiva, donde solicitaban dólares preferenciales para ir a una competencia internacional determinada, pero resulta que ese atleta no existía o no iba a ninguna competencia.

Igual ocurrió en materia cultural donde a través de compras de instrumentos musicales, entre otras cosas, solicitaban dinero para un instrumento como el violín que costaba 1.000 dólares, colocándole un precio de 100.000 dólares y era aprobado. O el caso de gente que tenía una papelería, pero pedían millones de dólares para llevar madera a Venezuela.

En casi todos los casos la aprobación de divisas preferenciales eran en complicidad con toda la estructura mafiosa aduanera, con los militares y con las personas que podían dar la orden de que un barco, que esperaba para ingresar a puerto se moviera o no, dependiendo de si había pagado la comisión.

Son muchos los funcionarios, ex funcionarios y altos personeros aliados del régimen chavista que han sido sancionados por los Estados Unidos como una agenda bien establecida para lograr el cambio de gobierno en Venezuela, que secuestró al país y lo hundió en una enorme crisis económica, social y política.

Fuentes Bibliográficas

- Doble Moral. https://www.amazon.com/-/es/Alejandro-rebolledo/dp/9807669006

- Así se lava el dinero en Venezuela, 2da Edición. https://www.amazon.com/-/es/Alejandro-Rebolledo/dp/1726370313

- Delincuencia Organizada Transnacional "El Gran Negocio" (Español). https://www.amazon.com/-/es/Alejandro-Rebolledo/dp/179399935X

- Prevención y Control de Legitimación de Capitales y del Financiamiento al Terrorismo(Español) https://www.amazon.es/Prevenci%C3%B3n-Legitimaci%C3%B3n-Capitales-Financiamiento-Terrorismo/dp/1794605398

- How Delaware Thrives as a Corporate Tax Haven, The New York Times, June 30, 2012; http://www.nytimes.com/2012/07/01/business/how-delaware-thrives-as-a-corporate-tax-haven.html

- Las tasas tributarias en México oscilan entre 17,5 y 30% (la tasa más alta para el impuesto a la renta de personas y empresas), ver: PKF México Tax Guide 2012 en http://www.wipfli.com/Resources/

- Blickman, Tom (2010), Countering illicit and unregulated money flows: Money laundering, tax evasion and financial regulation, TNI Crime & Globalisation

- 2010(http://www.undrugcontrol.info/images/stories/documents/crime3.pdf)

- HSBC Mexican Branches Said to Be Traffickers' Favorites, Bloomberg, December 12, 2012 (http:// www.bloomberg.com/news/2012-12-12/hsbc-mexican-branches-said-to-be-traffickers-favorites.html)

- http://www.justice.gov/opa/documents/hsbc/dpa-attachment-a.pdf

- World Drug Report 2012. UNODC.

- Drug Enforcement Administration (DEA), 2011

- World Drug Report 2011. UNODC.

- IV Encuesta Nacional de Consumo de Drogas en Población General del Perú. Lima 2011

- 1 http://www.nbcnewyork.com/news/local/123187958.html

- 2http://www.andrew.cmu.edu/user/nicolasc/publications/TR-CMU CyLab-12-018.pdf

- 3http://www.guardian.co.uk/world/2013/mar/22/silk-road-online-drug-marketplace

- 4 https://www.torproject.org/about/overview.html.en

- Fuente: Tackling Urban Violence in Latin America: Reversing Exclusion through Smart Policing and Social Investment (Washington, D.C.: Washington Office on Latin America, June, 2011); International Drug Policy Consortium (Marzo 2012); IDPC Drug Policy Guide, 2nd Edition (London: International Drug Policy Consortium); y http://www.highpointnc.gov/police/dmi_the_high_point_model.cfm.

- Oficina de las Naciones Unidas contra la Droga y el Delito, "Drug use in Afghanistan: 2009 survey–executive summary", junio de 2010.

- B. Hibell y otros, The 2007 ESPAD Report: Substance Use among Students in 35 European Countries (Estocolmo, Consejo Sueco para la Información sobre el Alcohol y Otras Drogas, 2009).

- Consejo de Europa, Grupo Pompidou, MedNET Network, "Drug use in Moroccan schools: MedSPAD 2009-2010 report", documento PG/Med (2011), 17 de junio de 2011.

- Las estadísticas se basan en los datos comunicados sobre el número de comprimidos, cotejados por el Programa mundial de vigilancia de las drogas sintéticas: análisis, informes y tendencias (SMART) de la UNODC. Los datos presentados por algunos países en el cuestionario para los informes anuales.

- Información presentada por Camboya a la 17ª Conferencia sobre los Servicios Operacionales de Lucha contra la Droga en Asia y el Pacífico, Tokio, febrero de 2012.

- Información presentada por Camboya a la 16ª Conferencia sobre los Servicios Operacionales de Lucha contra la Droga en Asia y el Pacífico, Tokio, febrero de 2011.

- Fuente:http://suite101.net/article/nuevas-drogas-de-abusoa14645#ixzz29geQScyq

- ht t p://www.narconews.com/ Issue37/ articulo1288.ht ml

- 64 Estados Unidos de América, Executive Office of the President, Office of National Drug Control Policy, ADAM II: 2010 Annual Report-Arrestee Drug Abuse Monitoring Program II (Washington, D.C., mayo de 2011).

- 65 "Past-month prevalence among males aged 12 and above in 2010", en United States, Department of Health and Human Services, Substance Abuse and Mental Health Services Administration, Results from the 2010 National Survey on Drug Use and Health:

- Detailed Tables (Rockville, Maryland, septiembre de 2011).

- 67 Drug Misuse Declared: Findings from the 2009/10 British Crime Survey-England and Wales, Home Office Statistical Bulletin

- núm. 13/10 (Londres, Home Office, julio de 2010)

- J. Rehm y otros, The Costs of Substance Abuse in Canada 2002 (Ottawa, Canadian Centre on Substance Abuse, 2006); L. Gordon y otros, "The economic and social costs of Class A drug use in England and Wales, 2003/04", en Measuring Different Aspects of Problem Drug Use: Methodological Developments, N. Singleton, R. Murray y L. Tinsley, eds., Home Office Online Report 16/06 (Londres, Home Office, 2006); Observatorio Europeo de las Drogas y las Toxicomanías, "Cost and financing of drug treatment services in Europe"; D. J. Collins y H. M. Lapsley, The Costs of Tobacco, Alcohol and Illicit Drug Abuse to Australian Society in 2004/05, Monograph Series núm. 64 (Canberra, 2008).

- 59 Substance Abuse and Mental Health Services Administration, Results from the 2010 National Survey on Drug Use and Health: Detailed Tables.

- 60 Véase Informe Mundial sobre las Drogas 2011.

- 61 Estados Unidos de América, Department of Justice, National Drug Intelligence Center, The Economic Impact of Illicit Drug Use on American Society (Johnstown, Pennsylvania, abril de 2011).

- 62 Rehm y otros, The Costs of Substance Abuse in Canada 2002.

- 63 Collins y Lapsley, The Costs of Tobacco, Alcohol and Illicit Drug Abuse to Australian Society. A. Características fundamentales del problema contemporáneo

- Fuentes: "Guinea-Bissau: Fishermen Turn to Trafficking As Fish Profits Drop", IRIN News, 29/VII/2010.

- Fuentes: Washington Post, 21/II/2011; Tim Rutten, Los Angeles Times, 28/II/2011.

- MÉXICO

- http://noticias.univision.com/mexico/noticias/article/2009-03-12/las-7-familias-de-la#ixzz2AumyVnbY.

- Fuente: ONUDD estima que actualmente alrededor del 27% de la cocaína traficada por México se desvía hacia Europa, primordialmente por vía aérea. ONUDD, World Drug Report 2010.

- http://noticias.univision.com/mexico/noticias/article/2009-03-12/las-7-familias-de-la#ixzz2AumHU7J2

- Departamento del Tesoro de EE.UU.
  http://www.treas.gov/forms

- Drug Enforcement Administration
  Financial Investigations Section Money Laundering
  http://www.dea.gov/programs/money.htm

- Federación Latinoamericana de Bancos (Felaban)
  http://www.latinbanking.com

- Financial Crimes Enforcement Network (FinCEN)
  http://www.fincen.gov

- Financial Action task Force (FATF-GAFI)
  http://www.fatf-gafi.org

- Grupo de Asia/Pacífico
  http://www.apgmI,org

- Instituto de Altos Estudios de Derecho
  http://www.idaed.com
  http://www.antilavadodedinero.com

- Instituto de Altos Estudios Profesionales
  http://www.idaep.com

- Organización de las Naciones Unidas (ONU)
  http://www.un.org

- Organization of American States/Inter-American Drug
  Abuse Control Commission (OAS/CICAD)
  http://www.cicad.oas.org/es

- The Egmont Group
  http://www.egmontgroup.org

- United States Government
  Financial Action Task Force on Money Laundering
  FATF Secretariat - FATF/OECD
  http://www.oecd.org/faft

- U.S. Customs Service
  Money Laundry Coordination Center
  http://www.customs.treas.gov

- U.S. Department of Justice Criminal Division
  Telephone: (202) 514-1263
  http://www.usdoj.gov

- U.S. Department of State
  Telephone: (202) 647-8464
  http://www.state.gov

Printed in Great Britain
by Amazon

49227568R00142